现代职业教育的工匠精神研究 BJA160057
本书由深圳职业技术学院出版基金资助

现代职业教育
伦理研究

ETHICAL RESEARCH OF
MODERN VOCATIONAL EDUCATION

宋　晶◎著

中国社会科学出版社

图书在版编目（CIP）数据

现代职业教育伦理研究／宋晶著 . —北京：中国社会科学
出版社，2017.8

ISBN 978-7-5203-0873-1

Ⅰ.①现… Ⅱ.①宋… Ⅲ.①职业教育-伦理学-研究
Ⅳ.①G71-05

中国版本图书馆 CIP 数据核字（2017）第 209235 号

出 版 人　赵剑英
责任编辑　任　明　刁佳慧
责任校对　夏慧萍
责任印制　李寡寡

出　　版　中国社会科学出版社
社　　址　北京鼓楼西大街甲 158 号
邮　　编　100720
网　　址　http://www.csspw.cn
发 行 部　010-84083685
门 市 部　010-84029450
经　　销　新华书店及其他书店

印刷装订　北京君升印刷有限公司
版　　次　2017 年 8 月第 1 版
印　　次　2017 年 8 月第 1 次印刷

开　　本　880×1230　1/32
印　　张　5
插　　页　2
字　　数　180 千字
定　　价　48.00 元

自序 重塑职业教育的伦理精神

社会的现代化和工业化催生了现代职业教育的同时又使其陷入一个伦理困境。现代化追逐利益，推崇工具理性，自然资源成为人类发展工业而肆意掠夺的对象，人本身也异化为物质欲望的工具和"机器运行的链条"。当代教育哲学家努斯鲍姆认为，职业教育在为现代化和工业化的逐利目标服务，它的功能表现为两个方面：一个是国家利益，现代职业教育为经济发展输送人力资源；另一个是个人利益，向个体贩卖知识技能，提供"饭碗"。这个定位并没有错，但是作为直接面向经济社会的一种基本的教育类型，现代职业教育不仅要能培养从事各种职业的人员，更重要的是，要培养出使自己的生活有意义的人。

伦理学本来是关于人的学问，其研究对象涉及人与人的伦理关系、人与自我的关系，探究人如何使生活更美好的终极目的和行为准则。随着生态危机的出现，伦理学的研究视域扩大到人与自然之间的伦理关系，关注人对非人类物种、对自然世界应有的生态道德责任。从伦理的视角看，职业教育培养的应该是完全意义上的职业人，即合格的国家建设者和接班人。他们能够独立地、批判性地思考，有创新精神，对他人、社会和生态环境负有责任感和同情心，能理解弱势群体的苦难和自己工作成就的意义。这些价值观念在理论和实践领域中也通常被认为是有益的，但职业教育研究者和实践者却极少思考一个问题：要将这些价值观传给下一代并有效地影响其思想和行为，职业教育需要做什么？逐利的目标分散了教育者的注意力，在降低成本的压力下，我们剪除了恰恰是对维持健康社会至关重要的那部分教育工作。若任由这种倾向发展下去，职业教育培养出的各行各业的从业者恐怕都无法从工作中找到意义，不顾及自身生产行为对生物圈带来的后果。最终，生态环境破坏了，人与人之间的信任无存，人自身的幸福也就无从谈起，这样的经济发展带来的只能是灾难性的结局。这就是现代职业教育面临的现实伦理困境。

在社会现代化的进程中，职业教育不可避免地遭遇了工具理性的冲击。技术人才的培养日趋符号化、物化，职业教育培养目标逐渐偏离"人"的方向，职业教育领域产生了"自反性"或"人性物化"的问题。当前的职业教育重视能力本位，大多只关注教育的方法和方式，重点集中在专业课程的开发，对于职业能力能否使学习者幸福，能否为学习者创造追求幸福生活的内在条件等根本性价值问题，却未予以足够重视。但是，职业教育的根本价值问题不是技术知识、能力所能解决的，在职业教育的根本价值未得以确证之前，在缺乏伦理的价值预设的情况下，职业教育传授给学习者的技术知识、培养出来的职业能力可能会作为工具理性而成为奴役人及其环境的工具。因此，"为谁"与"为何"问题是职业教育的伦理精神及其意义问题。从伦理价值的视角看，单纯追求"何为"职业教育非但没有价值，反而可能造成一种负面影响。工具理性的蔓延使教育领域出现"伦理的真空"，它已经清楚地表现出来。

第一，工具理性是"一种我们在计算最经济地将手段应用于目的时所凭靠的合理性"（泰勒）。它强调手段以及手段与目的之间的功利关联，虽然推动了科技进步和工业文明的发展，但其技术理性神话的造就却以牺牲人类生存权利和存在意义为代价，导致了人文精神的颠覆。

第二，对短期效益的追求导致教育在价值本原的迷茫，在价值取向上偏离了"育人"的方向，使教育领域出现了诸多"伦理的真空"，并由此诱发了种种"短视"的教育举措。讲求效率的职业教育在片面地追求培养能创造利益的人，培养确定规格的劳动"工具"，单纯追求现实利益、直接利益和物质利益的实现，而忽视了作为人性的教育要求。

第三，工具理性已成为阻碍其健康和可持续发展的痼疾。从伦理的视角审视职业教育，分析问题的着眼点不应只是职业教育领域的"物"，而应是整个社会领域中的"人"；解决问题的着力点不应只倾力追求体制的完善，而应力促实现价值取向的正确性。在我国当前以发展为主旨的工业化进程中期，我们有必要对培养职业人的职业教育进行冷静的伦理反思，在大力发展职业教育的同时尝试着探讨职业教育应如何规避现代化带来的工具理性。我们的职业教育要培养出"完全意义上的人"，而非产出"一代代有用的机器"和"没有人性的技术专家"。

摒弃现代职业教育的功利性与工具理性，回归其教育的伦理本性，是全球职业教育的共同追求。对此，联合国教科文组织发布了一系列文件，呼吁教育的核心问题就是要关注人的潜能的发挥、素质的提高。《学会生存》中提出的"四个支柱"是指导国际职业教育发展的纲领性文件。国际职业技术教育大会从终身教育的角度对职业教育进行定义："普通教育的一个组成部分""终身学习的一个方面""成为负责任的公民的一种准备"以及"有利于环境的可持续发展的一种手段"等。职业教育作为教育的一种类型，不能丧失其根本的教育性。"职业教育的定义应当以促进人的发展的视角来确定，不能也不应该如以往片面从教育的经济功能角度加以限定，我们应对其持有一种更开阔的视野。"我国对职业教育中"人本价值"的关注也日益提升。党的十七大报告和十八大报告都强调，"大力发展职业教育，提高高等教育质量"，将职业教育作为改善民生、社会建设的重要任务，表明党中央高度重视职业教育在构建和谐社会中的特殊作用，也说明职业教育在改善民生、社会建设中的重要地位和作用。国务院原副总理刘延东在讲话中强调，职业教育是面向人人、面向全社会的教育，对促进就业、繁荣经济、消除贫困、保障公平和社会和谐具有重要意义。职业教育正是要培养全面发展、具有现代文明社会发展相称素质结构的应用型人才，他们应是懂得职业与生活品位的人。

人们对现代化的理解常常是"财富增加更多、发展更快、对传统和历史颠覆得更深刻"等，职业教育的伦理困境正是功利性与工具理性映射出的人与人、社会甚至自然的矛盾、冲突和差异，工具理性是对职业教育"善"的伦理精神的反动。如果"善"的精神死了，职业教育的本真也会随之消失。职业教育的伦理精神与人对幸福生活的追求相一致，是一个向着良善的生活目的不断演进的过程。实现职业教育伦理，需要培养学习者追求、向往、创造幸福的意识与能力，秉持德性地把握教育实践中的各种关系。职业教育发展的历史辩证逻辑表明，朝向和谐、朝向善是现代职业教育改革与发展的出发点和归宿。

尽管本研究试图立足时代发展的背景，从伦理的价值观视角，结合当前职业教育的实际情况，进行一个多层次的理论探索。但由于时间、资料和自身能力的限制，本书不免粗糙，只能作为一个初探。不过，笔者坚信，职业教育伦理是等待学人开发的一片理论荒野，笔者只要秉持着学术探索的意识和责任，抛砖必然能够引玉。因此，笔者尝试对此选题进行初步的和粗略性的探索，以期引起同行方家的批评指正以及对此问题的持续关注。在今后的学术理论研究中，笔者愿就此主题作进一步的探讨和求索。

目　　录

第一章　职业教育伦理精神的
历史渊源

历史是认识现实的钥匙。巴茨（P. F. Butts）认为，对教育进行历史研究可以产生两种效应，"一是再现不同时代中的人们怎样解决当前的教育问题；二是再现过去的哪些教育要素仍存在于现在"①。研究教育的历史未必会获得某种具体教育问题的直接解决方案，但教育史的研究能够培养人一种慧性或者说眼力，这种慧性和眼力在教育研究中往往能产生巨大的能量。对职业教育伦理的追寻要直溯其源头，在对职业教育历史演变的规律中寻找它的影子。教育从本质上讲是一种道德性的人类实践。如同一个人的德性水平代表着他的层次和境界一样，职业教育的道德性也同样说明职业教育的层次和境界，至少是标志其发展水平的一个维度。伦理精神的萌芽伴随人类教育的起源而产生，在其发展过程中，又表现为跌宕起伏的演变脉络。有学者指出，"基本生存技能为主的经验传授是最早的人类教育形式，它可以被认为是职业教育的前身"②，这也是本书所持的观点。职业教育伦理精神的起源和发展，亦属于职业教育理论的重大问题之一。目前

① 滕大春：《美国教育史》，人民教育出版社1994年版，第631页。
② 俞启定、和震：《世界职业教育发展规律初探——一个历史的视角》，《中国职业技术教育》2009年第27期。

职教理论界比较统一的看法是师徒制（或称学徒制）的产生标志着职业教育制度的正式出现。本章就以历史为发展脉络，将职业教育划分为三个主要的发展形态：将师徒制的出现划定为职业教育制度的正式产生；将师徒制以前的原初的教育形态划定为早期萌芽状态的职业教育，它在事实上还不能被称为"教育"，是职业教育的孕育过程；将工业革命发生、师徒制解体之后的职业教育定义为现代职业教育。学校形态的职业教育是工业化的产物，它是现代职业教育的初级形态，工业高度发达的社会才是现代社会，职业教育随着技术进步、知识经济的来临日趋完善，成为真正的现代职业教育。本研究拟探索职业教育历史形态演变过程中的道德性的驱动因素。事实上，职业教育的发展史也正是人类艰难却永不停歇地追求真正美好生活的一部分。[①]

第一节　融于自然的、朴素的、平等的原初生存教育

漫长的原始社会里没有所谓的"职业"，但是人类获取生存资料的需要和人类自身繁衍的需要却必须要得到满足。这些生存的需要就催生了一种生存经验授受的活动，它从内容上有些类似今天的职业教育，传授的内容通常是打猎、采集、制作工具等基本的生产劳动经验和技能。自此，最早的教育活动伴随着人类的产生出现了，学者称其为"职业教育的前身"或者"萌芽状态的职业教育"。这种实践活动是没有任何规划和设计的，甚至我们还不能将其称为教育活动。

---

① 徐平利：《职业教育的历史逻辑和哲学基础》，广西师范大学出版社2010年版，第42页。

没有专门的教师，更没有专门的学生，人们同是部落的成员，族群中的长辈向后代人传授生存必需的技能和规范的活动。人们生存于自然中，敬畏和顺应自然，"教育"活动自然而然地随机进行。从原始初民们朴素、自然的"教育"行为中，我们却不难发现其折射出的伦理光辉。

一 "敬畏自然"生存经验的示范与模仿

对自然的敬畏是原始人产生自我意识的重要标志。最初的人类大概出现在距今 180 万年前，那时的人类刚刚揖别于猿类，生存状况与野兽并无大异，属于人类的婴孩期，[①] 在强大威严的大自然面前非常弱小。人类对其依附的自然界怀有的是意识不清晰的、状态朦胧的认识，这种认识的范围通常不会超出他们能接触到的物体，如土地、树木、食物，以及雷、电、风等自然界现象。人们懵懂地意识到自身生命是完全、纯粹地依附于大自然。这种最初的意识就标志着人类抽象思维能力的产生，或者说，人作为主体开始了意识的觉醒。从此，人也在脱离其他动物的道路上越走越远了。

事实上，自然界千变万化，无穷无尽的自然力量远远超出先民们的认知范围，它带给人们收成与灾难，决定人的生死存亡和喜怒哀乐，因此，自然在人类远祖的眼中只能是神性的，人对自然产生了强烈而又普遍的恐惧、神秘的心理。后来的学者认为，那些相当遥远的思想痕迹甚至还影响着现代的种种信念，同时还决定其一些根本特性。[②] 此时的"教

---

① ［法］涂尔干：《教育思想的演进》，李康译，上海人民出版社 2006 年版，第 24 页。

② 葛兆光：《中国思想史》（第 1 卷），复旦大学出版社 2000 年版，第 15 页。

育活动"在初民中则代表着一种"主体意识"，它表现为作为主体的人对未知的探索，这种探索逐渐从个体走向他人，从内心走向外部，从救赎走向学习，最后它外化为初民们对神灵、图腾、自然界的敬畏和膜拜。强大的自然和自然现象是灵性的和至高无上的，它们支配、主宰着原始人的劳作，人们深信不疑它能决定人类的命运，改变人类的生活。

敬畏自然的观念构成人类生存经验中非常重要的一部分，它在原始教育内容中体现为两个方面：萌芽状态的宗教观念和原始禁忌的开端。因为人们笃信对自然敬畏才可以获得生存的权利，青年人被长者反复教导，人属于自然大家庭的一员，只有严守自然的"家法"才能被承认。据考古资料记载，大约在旧石器时代，世界各地不约而同地产生了自然崇拜现象，这便是原始宗教和禁忌的萌芽，崇拜对象通常包括日月星辰、山石、水火、土地等。例如，远古的中国和希腊都有崇拜"地母"以获取丰收的迹象。人在孩童时期就被训练如何用收获的果实献祭地母神，或者用歌舞表达感恩和图报。进入成年的孩子则被教导如何采摘、射猎、放牧牲畜和翻耕土地才不会触犯地神。对于砍伐神树、污染水源等不遵教诲、违犯禁忌的青年将给予严厉责备甚至严酷的惩罚。同时，在宗教与禁忌的教习过程中，人类的第一个专门职业——巫产生了，他不再参加生产劳动，他是族群的教育者、医生和神灵的使者。[①]

一些原始的活动也开始制度化，如播种节、丰收节等与自然崇拜相关的节日被确定下来。海德格尔对这种原始的现象进行了伦理意义的分析，他认为这是"从自然对现实事物

---

① ［英］詹·乔·弗雷泽：《金枝》，徐育新、汪培基、张泽石译，中国民间文艺出版社 1987 年版，第 159 页。

的贯通方式去体悟自然"①。原始人的教育活动体现出一种对万物本然状态的持守，他们将自然作为心物相融的境域来理解。这种对自然敬畏的原始情感是人对其与自然关系的认识的起点，它要求人们在实践活动中自觉履行人对自然的伦理责任，抛弃任性妄为，敬畏自然，追求人与自然共生的和谐状态。事实上，现代社会文明一直都在进行着这种"回归"的努力，因为"人类不是自然的主人，而且永远不会成为自然的主人"②。

二 "人化"自然及其对自主精神的追求

黑格尔说："在人类的使命中，我们无时不发现那同一的稳定特性……这便是，一种真正的变化的能力，而且是一种达到更完善的能力——一种达到'尽善尽美'的冲动。"③ 人类的发展史就是不断给自然界打上人类烙印的历史。人是自然界的一员，人也是一个独特的精神生命，是区分于其他动物的精灵，它不断地想挣脱自然的束缚，以其劳动和创造反过来赋予自然以"精神性内容"，即创造"人化"自然的伟大历程。可以说，人从诞生的那一刻起，就注定了其一辈子从"自然存在物"到"自主"的追寻。人类诞生以来的数百万年里，初民们克服了重重迷惘和困境，去学习如何了解和掌握自然力，他们倾尽全力进行的生存抗争，恐怕是现代人

---

① 那薇：《道家与海德格尔对自然的诠释》，《广东社会科学》2003 年第6 期。

② ［美］罗伯特·路威：《文明与野蛮》，吕叔湘译，生活·读书·新知三联书店 2005 年版，第 36 页。

③ ［德］黑格尔：《历史哲学》，王造时译，上海书店出版社 2006 年版，第 50 页。

无法想象到的。这个过程是相当漫长的，现代人很难了解原始人用了多少世纪才能认识天火以外的火，在多少偶然的机会发生之后人们才能掌握火的基本用法，在多少次熄灭之后人们才能学会生火的技术，又有多少次这种技术随着发明生火的人的死亡而失传。[①] 经验技能的教育需要先民们投入更多的劳动和预见，如果每种技艺都会随着发明者的死亡而消失，如果没有生存经验的代际传递，每一代人都从相同的起点开始生活，人类社会就不会有所进步。在努力摆脱大自然束缚的艰苦劳动中，原始人类不但学会了使用火、工具和弓箭，发明了农业和畜牧业，取得了令人瞩目的技术成就，还懂得了使用语言，创造了最初的艺术和宗教，使人类文化获得了初步发展。[②] 这些早期的人类经验技能必须通过生活、劳动过程传授给下一代，方式主要是演示和模仿，就是最原始的技能教育。无论原始的教育在现代人看来是多么的幼稚简单，它都客观地记录了人类最早期的自主创造能力，它是人类悠久文明进程中不可逾越的一个阶段。原初的生存教育是人类职业教育历史的起点和黎明期，天将破晓时的朝阳并非夺目耀眼，但却瑰丽多彩。

原始技能教育是自然"人化"过程中的关键要素，根据摩尔根建立的人类史前系统，"生产技能的进步对于人类的优越程度具有决定意义"[③]，如果没有人类技术的进步，人类的生活将永远幼稚和原始。原始技能教育改变了人与自然的

---

① ［法］让·雅克·卢梭：《论人类不平等的起源》，吕卓译，九州出版社2007年版，第65页。

② 参见裔昭印主编《世界文化史》，华东师范大学出版社2000年版，第一章。

③ ［德］恩格斯：《家庭、私有制和国家的起源》，中共中央马恩列斯著作编译局编，人民出版社2003年版，第20页。

关系，经验和技能的一代代传递和积累使人由"附庸"变成"主体"，由全面地依附自然力转向努力掌控、支配和利用自然力。从这个意义来讲，人类的诞生也是自然界的奇迹，或者说，自然在选择人的时候，就选择了人所追求的自主精神。我们可以从一个新的角度去理解教育的精神：教育是人类特有的智慧，它的作用就是彰显人的"主体性"。主体精神的建构过程，是人作为一种精灵区别于其他动物的根本特征，教育的职责是发现和启迪自然赋予每一个人的生命权利和技能。

三　长幼间近乎生物性的关爱

教育的产生标志着"人"的生命突变，超越了动物性的自然本能，人、教育和爱的情感交织在一起，构成了无法分割的统一体，"没有爱就没有教育，爱与教育就像水和鱼的关系"①。初民们的技能传授活动蕴含着一种期望：让族群延续下去，让后代人获得更理想的生存状态，这是早期人类对社会、对后代以及对自我的责任和爱心的表达。作为人类传承生存经验技能的实践活动，它产生自以生存为目的的食物获取，体现出的是一种人类对种族及其后代的近乎生物本能的关爱。大部分时间，原始的教育并非独立的活动。当青年人外出劳作时，老人和病人留下来可以给还不能外出的儿童传授制造工具、捕鱼狩猎或者采集种植的技巧，大一点的儿童则随同成年人参与采集和简单的狩猎活动。"劳动示范"和"劳动模仿"完全以无计划的方式开展，没有专门的教育分工，平等、自发、自然而然地进行。这就是初民们的日常

① 朱小蔓：《情感教育论纲》，人民出版社 2008 年版，第 31 页。

生活程序，它充盈着某种关爱，它随时随地发生，完全融入自然之中。

我们还可以在许多古籍中发现关于远古时期生产劳动教育的记录。《尸子》载："燧人之世，天下多水，故教民以渔。""伏羲氏之世，天下多兽，故教民以猎。"①《白虎通义》载："至于神农，人民众多，禽兽不足，于是神农因天之时，分地之利，制耒耜，教民农耕。"初民们聚居在一起，依靠集体的力量顽强地生存，在恶劣的环境中为生命找到生存的空间，技能教育被证明是最强有力的工具。教习生存本领的"导师"受到尊崇和神化，原始技能教育活动保证了人类的繁衍与发展。人类追寻的脚步从未停歇，也没有因为遭遇挫折而退却。遥远的路途和艰辛的追寻使人具有联合在一起的社会性，卢梭认为，个体在追求幸福中会无意识地使种族得到发展，"在无意识中为下代创造了幸福"。教育本身是责任和爱，所以，教育在其本性上是道德的。职业教育的爱，是人的道德性在教育活动中的集中反映。事实上，没有对后世的责任与爱，教育也许不会走进人类社会，而恰恰是人对后世的道德感与责任感，使教育实践活动成为人类社会日常生活的一部分。职业教育作为一种非正式的教育形态已经源远流长，它作为一种对"伦理精神"的追求，呈现出原始、朴素、自然、自发的存在状态。

四 "尊亲""爱慈"的家传世学

家庭出现在青铜时代初期，家庭产生后，以家庭为基本单位的家传世学的职业教育形态就产生了。这是人类经历了

---

① 刘德华主编：《中外教育简史》，广东高等教育出版社1999年版，第105页。

艰难而又漫长的野蛮时代之后，开始踏向文明之路的征程。卢梭认为，家庭的居住模式，即由长辈和晚辈生活在一起的模式促成了人类最美好的感情。"由于持续不断得见面，他们就难以忍受不能经常见面的痛苦，一种温柔而愉悦的感情悄然进入他们的心间。"这种情感随着家庭结构的稳定逐渐固化下来，成为晚辈对长辈的"孝"和长辈对晚辈的"慈"。

家传世学是以家庭、血缘关系为中心和主线的古代形态的生产生活教育或培训，它以家庭血缘关系为纽带，集生活、生产与分配于一体，它所表征的自然经济状态下的生产与分配关系决定了该时期教育关系必然以血缘关系为基础。家传世学以血缘为基础，其外在的情感表达就是家庭中长者对幼者的关爱和幼者对长者的尊敬，这种关爱和尊敬是人类最天然的和最基本的善行，它是教育之爱的历史渊源。父子、兄弟间基于血缘关系传承谋生技能，父亲和兄长传授谋生技能与其承担的慈善伦理使命一致，在家庭或家族内，生产生活技能和伦理道德规范传承在同一过程中实现朴素的伦理道德关系，承载人类童年时期的伦理及其精神。

家传世学以模仿等方式学习生存必需的技能和规范，它被认为是师徒制的萌芽状态。① 它以职业世袭的方式世代延续，其教育内容涉及农耕、畜牧、手工业等领域，直接目的是使家族的技艺得到延续，使家族的声誉得到提升，使家族的后人能够获得更理想的生存状态。由于经验技能在家庭内部的代代相传，人们依生存环境的不同形成了各具职业特色的家庭。生活在平原的人世代相传农耕技艺，成为农民；居住在海边、河边的人，发明了钓钩、钓线和捕鱼技艺，他们

---

① John L. Scoot, *Overview of Career and Technical Education*, Orland Park：American Technical Publisher Inc.，2008，pp. 121-127.

世代作为渔民，以捕鱼为生；生活在森林中的人世代相授弓箭制造和使用的技艺，就变成猎人。技艺为家庭内部所拥有，只能传给特定继承者，通常是"传内不传外，传嫡不传庶，传男不传女"（防止技艺外泄），"是故士之子常为士……农之子常为农……工之子常为工……商之子常为商"①。这种家庭内部的代际传递途径，将教育关系限定在一定的范围内，构成了一种可以复制的连续的相似的场域。

此外，一些手工业的家族甚至以职业技艺命姓，如我国周代出现的陶氏（陶工）、索氏（绳工）、樊氏（篱笆工）、长勺氏（酒器工）等。② 在家传世学的教育中贯穿着一条情感的主线是晚辈对长辈的尊敬和长辈对晚辈的慈爱。这种情感起源于两个方面：一方面是远古时代遗留下来的人对生命延续的重视和对生命本源的懵懂，产生了对祖先、父辈的崇拜；另一方面是现实的以家庭为单位的谋生关系将人们的生产与社会关系固着在家庭（族）当中。因为"年岁与智慧俱增""老农可以观天色而知雨晴""老吏可以凭阅历而断狱"，在家庭当中，老人总是受到尊敬的。家庭（族）的长辈往往家庭地位崇高，生产经验、技能丰富，通常担任领导者的职位，受到家族成员的格外尊敬；而晚辈则被视为需要关心、慈爱和指导的对象。家庭（族）中的晚辈被长辈赋予生命，接受长辈的抚养、教化，很容易产生对母辈的尊崇、感恩甚至崇拜心理，感恩报德之情的出现是情理之中的事情。此类情感的反复和持续的刺激，使得"尊亲"和"爱慈"的情感和行动不知不觉地在家传世学形态的职业教育中萌发并充盈起来了。

---

① 迟铎集释：《小尔雅集释》，中华书局 2008 年版，第 98 页。

② 何兹全：《中国古代社会》，北京师范大学出版社 2007 年版，第 216 页。

第二节 体现"爱"的师徒教育

学界普遍认为，师徒制的建立标志着职业教育制度的正式形成。师徒制是最古老的正式职业教育，在工业革命后曾被学校职业教育逐渐替代和边缘化。但是，它的生命力却着实匪夷所思得旺盛，在今天的英国、德国、澳大利亚、瑞士、丹麦等发达国家，现代师徒制又悄然兴盛起来，成为一种新时期的教育战略选择。事实上，传统师徒制中如同父子的师徒关系、观照教与学的统一性的教育方式、强调"做人做事相统一""先做人，后做事"的职业精神，这些零散的教育元素关注了人的情感和气质，符合人的精神目的，充满着伦理的关怀，它们在现代社会仍然散发着生机和活力，对于今天的职业教育而言仍然是弥足珍贵的。

一 父子与师徒关系等同

"师徒如父子"正是对传统师徒关系的写照。人类社会进入青铜时代后期以后，青铜铸造的生产生活工具以及兵器得到了广泛使用，这直接促进了手工业的快速发展。随着生产工具制造和利用水平的提高，生产力挣脱了以家庭为单位的生产关系，职业教育的发展也随之突破了以血缘为纽带的家传世学形态。"在血亲关系范围内的技艺传承已经不能满足生产力发展与社会分工的需要，职业教育开始走出家庭，通过一种初级的、未完全制度化的学徒制形态，将技艺传承给家庭以外的成员"，但师徒制仍然是一种私人类型的教育形式。虽然职业教育的组织形式突破了血缘限制，师徒制却也只是由早期的父子相授向师傅收养子为徒的形式过渡。

"手工艺人通过吸收别人的孩子到自己家中作为自己的养子，教他们手工技艺"，作为养父子之间的手艺传授的师徒制教育，它比任何形态的学校教育出现得都早。

之后，师徒制的形式又拓展为直接收徒弟，但徒弟进入师傅家后，也相当于整个家庭的一个成员，与师傅全家生活在一起，父子般的亲情关系就依然保留下来。师徒关系起初只具有私人性质，后来也具有了社会性质。根据有关师徒制的最早记载《巴比伦法典》，它将以往私人的、按风俗惯例的师徒关系确定为成文的法律规定。"手艺人可以自由地招收养子，教他技艺，其他人不可以干涉"，但是，"如养父不传授手艺给养子，养父没有权利再留下这个孩子，应将其送其父母"。从这个法典可以看出，作为一种公共的教育，师徒制是带有社会性质的，其规定了权利和义务的关系。作为养父的师傅有责任将自己的技艺向作为养子的徒弟倾囊相授，保障祖传的手艺、绝活和秘方等世代延续下去。徒弟也有义务继承和发扬光大师傅的事业，为师傅养老送终，偿还师傅欠下的债务。按照习俗，手艺人通常会将得意的徒弟招为上门女婿，培养他以传承衣钵、光耀门楣。

师徒制源自父子相传的家庭世学制，后发展为养父子的技艺传授，在情感本质上说是一种父子间的技艺世袭关系，父子亲情血脉就被植入其中，包括后来的尊重师长传统也是受到师徒制情感本质的影响。特别在师徒制前期，师徒就是父子，没有任何剥削关系，师徒是一个利益和技术追求相同的学习共同体。此外，师傅本人也是参与生产活动的，生产过程同时也是师徒经常沟通情感的过程，师傅的角色则如同父亲和老师。身为父亲，师傅会给徒弟像对儿子一样无私的爱，在私人领域给予其如何做人做事的指导；作为老师，师傅会关心徒弟的技艺，在教授徒弟技艺的同时指导其职业发展，磨炼其意志，为社会创造更大的效益。二者相比，师傅更像是一个父亲，师徒制至今仍被看作一种基于"爱"的、注重情感交流的培养模式。

二　态度与技能并重

师徒制职业教育之所以能够留存教育价值，在于长者对青年一代的关爱，更在于它对劳动态度或职业精神的追求。在古代物质文明中，我们处处都可以看到能工巧匠们精湛技艺背后的灵魂，那才是技艺的最高层次，是技艺最精妙的部分。抛却政治的背景不提，单从技艺的角度来讲，西方中世纪宏伟的建筑、华美的油画和精巧的手工艺品，我国古代的雕梁画栋、亭台楼阁和瓷器艺术，这些文明成果向世人展示的是特定时期的技艺水平和工匠对技艺的理解。在手工业追求精致的时代，徒弟向师傅学习的是技艺本身和技艺的精髓——行业的操守。追求技艺精湛是每个学习者的努力方向，每一件产品都应该是一件艺术品。由此，师徒制教育保证了专业技能教育的有效性，同时也体现了学习过程中学习者对职业意识、职业精神、工作过程及其结果的伦理价值追求。

在徒弟入门之初，师傅就亲自教授行业的神圣性和具体行规，使徒弟产生职业自豪感，树立靠自己发扬光大和传承衣钵的观念，然后学习职业技能，掌握行业规约，进而产生对师傅的敬重和事业的忠诚。在教学过程中，师傅对技艺的追求和对生产结果的严谨态度都会对徒弟未来从事这个行当产生深远影响。从这个角度来讲，徒弟也是技艺精巧的师傅手中雕刻出的一件件精良的作品。尽管传统师徒制是基于家庭血缘关系建立的教育形式，这在现代职业教育中几乎已荡然无存，但它倡导生计教育不悖于伦理本性的价值追求对现代教育有着深远的影响。师徒制在技能的授受中很完美地将工作技能学习和职业精神、职业道德融合在一起，它也是现代职业教育所倡导的职业定向与职业认同融合的范例。

可以说，职业技能的定向与职业认同是现代职业教育研究的两个重要方面，现代学者已经逐渐认识到二者的重要性，但现代职业教育却无法像传统师徒制那样将二者有机地融合在一起。职业认同通常指职业人在内心当中肯定其从事职业的价值和意义并能从工作中寻得乐趣，从而克服职业的外在性、异己感而把个人职业旨趣与社会对该职业的评价及期望内在地统一起来。而专业定向教育则是使学生及早确定职业方向并为此采取各种行动，其特征是实现"人职匹配"，强调学生在未来的社会生活中将承担何种社会任务、如何扮演某种社会角色。职业教育正是通过职业定向来增强学生学习的目的性和有效性，使学生确立职业发展的方向，理解职业生存的意义，这是保障职业教育质量和学习者就业渠道畅通的重要条件。

在传统师徒制中，职业认同和职业技能是一体的，因为对行业认同，把它当成安身立命的本钱，当成一生的事业去追求，才会对技艺精益求精。而技艺超群的人会受到他人和同行的尊重和赞许，就会加强对自身专业技艺的自豪感。在传统师徒制中，徒弟的拜师学习是带有明确的追求目标的：学得某项实用技艺作为日后谋生的条件，它是经济保障和社会地位的标志，这类似于我们今天的专业定向，因此徒弟学习动力很强，期待学徒期满后自己有可能出师成为工匠且有朝一日自己也成为师傅。俗语讲的"干一行爱一行"和"干一行专一行"，就是对师徒制朴素的职业认同感的继承。从古代希腊的希波克拉底"医生宣言"到我国的百年老店同仁堂、张小泉的伦理经营理念，几乎所有职业成功的范例都认为职业的认同与职业技能始终是同样重要的。传统师徒制的价值不仅体现在对学徒专业技艺技能的养成，更在于它突出职业意识、职业精神和职业态度，认为职业认同是使职业卓有成效的前提。

三　生产与教学合一

波兰尼认为"一种无法详细言传的技艺不能通过规定流传下去，因为没有这样的规定，无法详细言传的技艺只能通过师徒制的示范方式代代传下来"[①]，这种"无法言传"的方式传授的就是"缄默知识"或者"隐性知识"。师徒制的教学方式是产、教、学于同一过程，师傅在生产过程中边演示和讲解操作技艺的要点，边传授行业的精神和规范。徒弟在生产过程中边看、边学、边做，内容从简单到复杂、从低级到高级，最后到师傅传授祖传绝技。等到徒弟学徒期满成为一名工匠，他将另立门户或继承师傅的衣钵。因为是工作现场的教与学，教学内容是对产品生产的整体把握，过程上则涉及了产品的每一道工序。古代手工业产品生产的师傅示范传授的多为隐性的、默会的经验性知识，需要徒弟掌握非常复杂的工艺制作流程和方法及其规范，这些方法、规范在业内被尊为"法度"。可以说，工作现场教学是师徒制教育的一大特色，由于它保持了教、学、做的整体性，非常有利于"软技能"的传授，因而至今仍受到中西方职业教育学家的青睐。

在师徒制的教育过程中，师傅与徒弟之间的教学构成了

---

① Michael Polanyi, *The Tacit Dimension*, London: Routledge & Kegan Paul Ltd., 1966, p. 209.

一个"合法边缘参与的实践共同体"①。莱夫认为，"合法"是对徒弟身份资格的认可，共同体中的资源是允许徒弟共享的；"边缘性参与"是"或多或少地参与学习"；"共同体实践"指师徒之间的教学活动是互动的，工作现场的学习情境是持续的。学徒可从学习琐碎的边缘业务开始，以渐进方式进入复杂的核心业务，从"边缘性参与"到"核心参与"，最终使"共同体"形成再循环。以我国古代的制玉行业为例，首先，制玉技艺是保密的，除了从事本行业和工种的师傅们及其徒弟，外人很难了解到行业秘密，也看不出门道。制玉的整套过程非常复杂，要经历从选料、设计、雕、琢、磨、抛光和修整等多道工序。这些道工序，徒弟都是要亲身经历的，起初仅是观摩，逐渐开始被师傅要求在一些简易的工序上动手操作，从用牛皮和葫芦皮蘸珍珠浆抛光玉器，到大块玉石的切割、钻孔。其次，师傅与徒弟是协调作业，由于师傅收徒弟的数量通常是有限的，师傅几乎是手把手地教，对徒弟失当的地方也及时进行纠正。经过反复多次的操作和反思体悟后，徒弟开始独立设计一些简单的玉器，被要求独立完成一件产品全过程的生产，这之前徒弟通常需要经历5—8年的训练。

根据我国古代典籍《考工记》对玉制品美学标准的记载，"天有时、地有气、材有美、工有巧，合此四者，然后可以为良"，然后"以礼定制、尊礼用器"。② 在制玉过程中，徒弟的工作禁止固定在一个环节或程序上，因为那样

① ［美］J. 莱夫、E. 温格：《情境学习：合法的边缘性参与》，王文静译，华东师范大学出版社 2004 年版，第 97 页。

② 孔富安：《中国古代制玉技术研究》，博士学位论文，山西大学，2007 年。

是"无法成为工匠的"，徒弟必须参与制作的全过程，而且还要有所创新。整个生产过程就类似于艺术品的创作过程，劳动者很容易从中感受到劳动的价值和创作的灵感。玉制品的精度、难度体现着徒弟的技艺水平，也凝结着徒弟对制作方法工艺的选择和设计理念的审美价值。这种集产、教、学为一体的教学实践受到了现代教育家的好评，劳耐尔就认为，在学校通向职业的四种过渡中，师徒制模式是最"平缓"的过渡，最有利于学习和工作场所的衔接。[①] 相比今天的职业教育模式，师徒制对于技能授受更有成效，更易于为那些在学术教育的失败者所接受，更有助于学习者获得专业身份、建立社会联系，也更能够提供今天的知识社会所需要的软技能。

四 "做人"与"做事"统一

徒弟求学于师傅不仅是为了技艺的学习，更是托付了自己的心灵，托付心灵比托付任何别的东西都更有风险，因此拜何者为师等同于选择何种人生。徒弟跟随师傅学习不仅是求"技"，更是入"道"，一个好的师傅能给予徒弟最重要的便是德性智慧的生成和职业境界的提高。因此，师徒制是关于做事的教育，更是指导徒弟如何做人的教育。师徒制的职业教育，在于长者或师傅对幼者或徒弟关爱及其对人生态度或责任的追求，强调"做人做事统一"与"先做人，后做事"，保证了教育与培训过程中受教育者对工作过程及其结果的伦理价值：即向"善"性的追求，体现为基于善的职业

---

① ［德］菲利克斯·劳纳：《在实践性团体中学习：现代学徒制》，见石伟平主编《时代特征与职业教育创新》，上海教育出版社2006年版，第332页。

意识和职业精神。虽然这种教育关系是基于血缘和家庭组织的，这在现代职业教育中几乎已荡然无存，但它倡导生计教育不悖于伦理追求，至今仍然闪烁着实践理性的光辉。

古代学徒期较长，通常学徒在十几岁至二十几岁的美好青少年时期都是跟随着师傅学艺，师傅有责任在其成长的关键时期对其进行道德教育，所以，做事和做人通常同时进行。在工作和生活过程中，师傅也是徒弟的榜样，其以自身行动和信念为徒弟做楷模，同时，对徒弟成长过程中出现的思想偏差和犯下的道德错误进行纠正、训育，特别是在行规、职业精神方面熏陶出徒弟良好的做人基底。提升了德性智慧和职业境界的学徒就不再是一个被动的劳动者，也不仅仅是一个工匠，尽管劳动辛苦，但他在劳动过程中将体会到享受，那是一种创作的乐趣，一种作为艺术家创作作品的情怀。

我国古代庄子描述过一个"庖丁解牛"的劳动者寓言，讲的是劳动境界的升华可以使再普通不过的职业技艺发挥得如同唯美的艺术创作一般。"庖丁为文惠君解牛，手之所触，肩之所倚，足之所履，膝之所踦，砉然向然，奏刀騞然，莫不中音。"[①] 庄子认为，庖丁解牛技艺"游刃有余"，且已经达到出神入化的"诗化意境"中，所以"踌躇满志"。由此一观可知，"解牛"岂止是一种谋生的技艺，它体现出人在职业技艺中追求的是人格的圆满。

中世纪时期，西欧的骑士教育也属于师徒相授的方式，通常是小地主家庭将年幼的男孩子送到大地主家接受骑士教育。骑士教育的起点是伺候贵妇人，首先要得到贵妇人的认

① 《庖丁解牛的涵义》，典籍网（http：//verify.baidu.com/vcode.）。

可才可能获得进一步学习的机会。西方文化中有尊重女性的传统，这也是骑士风度的重要部分。此外，大地主会非常重视骑士学徒的道德品质，加强道德教育，每到周末还会亲自指导教义等，最后才是教授学徒骑马、搏击、剑术等骑士的技艺。类似的教育模式还有宫廷乐师、画师的教育以及手工业教育，这些都采取师徒制模式，其相同特征就是注重人的品格培养，把做人看作能做事和做好事的基础。这些珍贵的东西曾在工业化中丢失了，今天看来它仍然是从中可汲取养分的教育源。

尽管随着生产力的进步，大机器生产逐渐替代了家庭作坊和手工工场，传统的师徒关系也发生了变化，由原来形同父子的亲密关系变成了老板和雇工的剥削关系，学徒教育的目的主要在于职业训练，教学过程不再是一个完整的过程而被肢解成了一个个生产的片段，人成为各个片段上的环节，受制和依附于机器，人性被割裂了。现代学校形态的职业教育脱胎于工业革命和"工具理性原则"，在追求专业化和效率至上理念的引导下，它已经桎梏于"纯粹经济理性人"的人格理想追求。在此背景之下，经济理性挣脱了道德理性的限制，由于缺乏通过职业、工作或劳动得以救赎的宗教观念约束，尤其是有些鄙视劳动和劳动者的价值观念在作祟，片面追求职业教育功利价值成为我国职业教育理论与实践的基本取向。我国职业教育对所要培养人才的质量的预期中，学习者职业意识及其精神培养理所当然地游离于职业院校的专业定向教育目标之外。技术进步导致职业更替率加快，专业知识、技能更迭日新月异，现代职业教育的专业定向性教育不应只追求专业课程开发的市场化应变机制，更应守望那职业人永恒的精神家园，即基于职业精神和职业意识的向善性。

在"以人为本"的前提下，现代职业教育才能达到"以就业为导向"的效果。基于职业精神和职业意识的向善性是我国现代职业教育改革和发展不能丢弃的实践理性。

第三节　现代职业教育确立人的主体价值

由托夫勒理论可知，技术形态决定社会形态，教育形态亦随之变化。在人类迈入 20 世纪之后，整个世界包括所有的先进国家与落后国家都处在一个变化当中，这个变化的过程就是所谓的"现代化"，它已经成为一种世界性的崇拜和诱惑，席卷了所有国家和地区。现代社会的形态和特征决定了教育的形态和特征，学校形态职业教育正是工业化的产物。所谓现代社会，学者普遍认为，它是相对于传统社会而言的。从科技角度来讲，传统社会形态"是一个生产水平受限，科技能力和宇宙观基于前牛顿期的社会形态"①；从经济角度看，是以农业经济为主体的；从价值体系上则表现为尊崇古老，重农轻商。

现代社会的表征为生产力发达、以工业为经济依托，现代社会的人则表现为普遍参与各行业的、各阶层的"主动角色"，传统社会的"身份取向"为"契约取向"所取代。"工业革命"正是挑战传统社会结构与生产组织产生的主角。工业化是现代化的起点，是现代化的"必要"条件，但不是现代化的充要条件。传统社会进入现代社会的动力是工业化，但是只有高度"工业化"的社会才能被称为"现代化"社会。此外，"当代"也并不就意味着"现代"，因为从时段上

---

① W. W. Rostow, *The Stages of Economic Growth：A Non-Communist Manifesto*, Cambridge：Cambridge University Press, 1960, p. 20.

看生活在"当代"的人，在实质上却未必就是"现代"的人。①

著名台湾学者金耀基在对现代化社会进行划定时，把"自足的经济"视为传统社会，指出起飞阶段的经济是"过渡社会"或"转型期社会"，而把进入"推向成熟期"后的一个工业化经济视为"现代社会"。② 他认为，大部分国家在"转型社会"中，没有完全进入"现代"之境，我国目前就处于转型期，尚未圆"现代化"之梦。职业教育形态必然随着社会形态的变化而发生变化。传统（农业）社会是"重复"的社会形态，尊崇历史，基本处于发展的停滞状态。传统社会的职业教育则是将历史上的重要价值观和技能经验传授给下一代，"忠实于过去"是其人才培养的目标。工业化社会特征是"标准化、专业化、同步化、集中化、好大狂、集权化"③，与工业社会相适应的职业教育是标准化、规模化的工人培养，学者称之为"培养人的工厂"④。但是，工业文明也摧毁了传统教育价值观，提供工业社会所需求的价值观念和生活方式，造就一代代"能严格遵守工业社会秩序的人"。现代社会，即高度发展的工业社会，以信息化、多样化和新奇、丰富为特征。现代职业教育要培养的就是"主体的"、具有创新能力的人。

---

① F. W. Riggs, *Administration in Developing Countries*, Boston：Houghton Mifflin，1964，p. 98.

② 金耀基：《从传统到现代》，法律出版社 2010 年版，第 93 页。

③ 蒋广学、赵宪章主编：《二十世纪文史哲名著精义》，江苏文艺出版社 1992 年版，第 494 页。

④ 滕大春主编：《外国教育通史》（第 2 卷），山东教育出版社 1989 年版，第 336 页。

一　契合社会化大生产的学校形态的职业教育产生

学校形态的职业教育脱胎于社会化大生产。第一次工业革命之后，学校职业教育制度正式确立。[①] 在这个时期，教育开始从神性走向世俗和具体的职业。工业革命使机器代替手工，工厂取代作坊，它是由技术应用于生产领域而产生的机器发明和推广引发的。工业社会重构了人与人的关系，"希望所有的人都受教育，都能学习现在和将来生活所必需的学科"[②]，教育由贵族的特权转向平民化和职业化。

工业革命引起生产方式和管理方式的巨大变革，新的生产组织形式对劳动者的素质提出了新的要求，以传授科学原理和生产技术为主要内容的现代职业技术教育应运而生。17—19 世纪"两次技术革命"期间，生产力水平"进入自趋动的发展的起飞"[③]，轮船、铁路、电报这些魔术般的设施出现了，大地开垦，河川通航，资源广泛使用，自然力的征服以及工农业中采用化学和机械的办法，使整个工业体系释放出巨大的能量，取得了惊人的成绩。马克思惊叹道，"资产阶级在它的不到一百年的阶级统治中所创造的生产力，比过去一切世代创造的全部生产力还要多，还要大"[④]，历史上从没有预言家能够预见到社会生产中蕴藏有这样的力量。

神奇的工业社会也对人才规格提出了不同于传统师徒制的质量和数量的要求，它追求人才的大批量和标准化，传统

---

① 李守福：《职业教育导论》，北京师范大学出版社 2002 年版，第 17 页。

② 任钟印：《世界教育名著通览》，湖北教育出版社 1994 年版，第 88 页。

③ ［美］斯塔夫里阿诺斯：《全球通史》，吴象婴、梁赤民译，上海社会科学院出版社 1988 年版，第 468 页。

④ 《马克思恩格斯选集》（第 1 卷），人民出版社 1972 年版，第 256 页。

师徒制无法满足这一要求，从而被学校形态的正规职业教育取代，这是历史发展的必然。第一，劳动形式从个体的家庭作坊变成工厂大机器生产，人固定在流水线的某个部分，劳动的门槛降低了，很多没有特别手工技艺的人都能够成为流水线上的工人，不再需要师徒制的"全才"培养。此外，要对大批的工人进行职业教育与培训，这是传统师徒制无法完成的，必须以学校形式进行"批量"输出。第二，工业化产生了独立的学科知识体系，它是从生产中分离出来的科技成就，推动专业分工精致化和物质生产丰富化，同时也为职业教育从生产中分离和成为独立实施科技知识再生产的载体（职业教育制度建立）提供了必要的物质基础，促进了现代职业学校产生。第三，生产方式改变了，工厂中一些重要的技术岗位需要比较专和精的生产技术知识，专业技术员的培养任务就要由传授现代知识的学校承担。另外，职业学校还承担着学员认同新社会秩序和价值观等方面的教育责任。机械化生产需要大量有文化、有知识的技术工人，职业教育必然普及和扩展到广大普通劳动者，也可以说，是科技革命和工业化促进了教育的世俗化、职业化，使不同人的地位由等级分明趋于平等。工业化产生的动因是追求更多的物质财富以使人的生活有更多的便利和幸福，学校职业教育自然附带着人类追求美好生活的目的。

工业化以来，人类在其发展的历史上第一次正式宣布了自身的主体性，它是人性对神性宣布的独立以及摆脱传统社会中人对权威的依附（即马克思所说的"人的依附关系"的摆脱）。进入工业社会之后，人与自然的关系发生了变化，人不仅获得了更多的物质享受，人在精神上也逐渐摆脱了宗教桎梏，开始追求属于人的自由。① 这个时期的思想家积极倡导平等自由理念，反对封建专制和特权，这也成为资本主义在西方兴起时期有力的思想武器。一方面他们要求新兴资产阶级的利益得到保护；另一方面，他们以全民的名义，要求每个人平等的权利。社会的教育由古代和文艺复兴时期倾向于"装饰"性的人文教育，转为与社会实际需求相结合的培养，着力培养具有现代学科的基础知识、适应机器大生产的职业劳动者。

赫尔巴特指出，教育包括两个目的："必要目的"和"可能目的"。② "必要目的"关系学生未来的职业选择，"可能目的"指向道德品质，不管教育培养的人将担任何种职业，都需要拥有内在的公正、仁慈、完善的道德品格，它们是维系社会关系和调节个人道德行为的品质。③ 同时代的教育家都敏锐地抓住了时代的要求，提出世俗的教育理论，进行积极的教育实践和改革。洛克在其代表作《教育漫话》中提出的"绅士"、卢梭提出的"自然人"理论，都是适应社会需求的"新人"形象，为教育的大众化和世俗化奠定了理论基础。教育家们开办劳动学校，为处于社会底层的孩子们筹谋生计问题的解决。

洛克为英国政府的"竞赛和殖民地委员会"工作，他制定《贫穷儿童学校计划》并推动其实施，对贫困儿童施行义务职业教育，使其至少能够自食其力。该计划规定，至少在

---

① Robert B. Reich, *The Work of Nations*, New York：Alfred A. Knof Inc.，1992，p. 3.

② ［德］赫尔巴特：《普通教育学·教育学讲授纲要》，李其龙译，人民教育出版社1989年版，第42页。

③ 同上书，第394页。

每个教区建一所劳动学校，用于教育贫困儿童。领取社会救济金家庭的十三四岁儿童要被强制进入劳动学校学习，在学校里边劳动边学习，劳动收入作为其生活费用。此外，学校联系手工业者，鼓励其从学校学生中挑选徒弟。如果学生在毕业前没有被雇用，学校则会为其与该地区地主、拥有土地的乡绅订立契约，学生在23岁之前将做他们的农业学徒。①像这样的职业教育济贫实验还有"慈善学校""产业学校"和一些贫苦儿童教育机构。它们都是为城市贫民的孩子提供受教育的机会，都以贫苦儿童为对象施以职业技术教育，在向城市一般工人子女普及初等教育的同时，教会少年儿童一些生活和生产技能。

后来的学者认为，现代职业教育扎根于善良的社会目的，它生来具有社会救助的善的性质。可以说，在工业化的历史背景下，各层级的学校形态的职业教育在一定程度上促进了教育公平，进而促进了社会的公正，在反对特权教育的背景之下具有明显的进步意义。

二　学校"标准件"式的培养方式割裂人性

如王浦劬所说，特定社会的公平"决不能超出社会经济结构及由经济结构所制约的社会的文化发展"②。学校职业教育随工业化生产方式产生，它带有工业化追求人之幸福的伦理性，一定程度上还给予了每个人追求幸福的权利。但是，随着工业化种种问题的出现，学校职业教育也表现出明显的弊端。尽管工业价值观口头上和其发展初衷是人本主义的，

---

① 滕大春主编：《外国教育通史》（第3卷），山东教育出版社1990年版，第62—64页。

② 王浦劬主编：《政治学基础》，北京大学出版社1995年版，第222页。

但它在尽力克服前现代发展价值的抽象、超验、神圣、思辨的形而上本体善的同时，回归、迷信、皈依了实证性、经验性的功利和理性，[①] 将人的价值工具化、功利化、手段化，造成人的意义世界、精神世界的迷乱和失衡，使得发展游离于人、疏离了道德和伦理。异化的社会问题产生了，人的道德责任、价值意义和主体性受到排挤。

现代意义上的理性是启蒙运动很重要的成果，它产生于"人定胜天"的启蒙精神，伴随着人的科技认知能力的增强和价值精神理念王国的衰微发展起来。人依赖理性的思维形式挣脱了神学逻辑，把握和控制了整个世界，重新构建了社会秩序和文明。然而，理性化的代价是超功利的终极信仰的丧失，人的道德、精神体验以及终极价值随之瓦解、解构和垮塌。一方面，人为自然立法，妄图把人的意志凌驾于自然之上，形成人类中心主义。人成了欲望的工具，理性成了人掠夺自然的工具。工业生产没有生态道德责任，人与自然的关系陷入"发展—污染—治理的怪圈"，人类就此丧失了自由意志。另一方面，人本身不再是目的，任何一个行业所需要的技师，都是在讲求效率的命题下衍发出来的，人的行动常为机器运作的延伸，人异化为物的奴隶，成为"经济人""理性人"和"工具人"。

于是，理性化使人类在摆脱了宗教神学、封建制度的桎梏之后，又逐步陷入人类自身欲望的囚笼，使人丧失了精神上的高贵和自由。教育的道德性也随之迷失了，培养人的行动在狭隘的功利圈子里旋转，教育目的指向暂时的、物质的利益，忽略了人类历史上存在久已的"人之为人"的美好事

---

① William Greider, *One World, Ready or Not: The Manic Logic of Global Capitalism*, New York: Simon & Schuster, 1997, p.11.

物。因为社会技术结构对人的工具外显价值近乎顶礼膜拜的追逐，必然导致职业教育最终沦为一种工具，它效仿社会科层结构建立了教育的科层，设置了现代性的控制、监督和操纵的技术"训练"。"是"的世界和"应该"的世界断裂失衡了，职业教育就失去了目的价值，降格为工具的、单向度的手段，用于迎合特定团体的利益需求。职业教育只是为强势阶级物质与文化服务，会引发自我与他人、局部与整体、个体与社会冲突产生；职业教育只是在适应社会而丧失了引领社会的功能，在价值上也体现出唯功利性，这导致其违背了教育及其发展最本质的超功利性和人道、公正、自由等伦理价值。

马克思谈及此问题时指出："劳动者只是在劳动之外才感到自由自在，而在劳动之内感到怅然若失。劳动者在他不劳动时如释重负，而当他劳动时则如坐针毡。"[①] 整个人类的精神反映也是一样：科技进步的确推进了社会文明，改善了人的生存条件，然而这种生存条件的改善又是以破坏为代价，那么还要不要科技进步呢？换个类似的问题：如果说劳动创造了美好生活，但是劳动的过程并不快乐，美好生活还有意义吗？劳动的美感与人性割裂了，人在宣布对于神性的自主后又陷入了功利与工具理性的牢笼，教育的伦理本性又重新成为一种稀缺的社会道德价值资源。正如史密斯所批判的那样，今天的教育正面临着普遍危机，西方教育已过分技术化，各式各样的教育体系所产生出来的便是这样一种独特的人格：自私自利、争强好胜，只顾满足自身欲望和需要，而不具备任何道德理念。

---

① ［德］迪特马尔·米特等编：《哲言集：有为与无为》，周懋庸等译，生活·读书·新知三联书店 1995 年版，第 113 页。

与之相适应，职业教育以促进经济社会发展为目的，始终遵循着"社会—技术—理性"的逻辑，它强调"何以为生"的技能和本领，但却不应该放弃"为何而生"的思考与追问，人生的价值、意义、职业伦理和普世的道德，这些关乎人的幸福的东西不可以被忽略掉。忘记了作为一个人的基本生活态度和对待事物方式的教育，将会是危险的教育，有可能会引发人的精神危机、社会危机甚至生存危机等难以预料的问题。技术思维成为人们世界观的基本构架，而情感、欲望等只是它的附属品，并有赖于技术的引导和塑造。对人的生活来说，现代技术取得了一种优先地位，生产规范成为工人操作活动的圣经，职业学校沦为"人力"工厂，教育的功能只是提供给学生劳动能力。卢梭曾宣称"人死了"，失去意义的教育无异于死亡，表现出"生命不能承受之轻的焦虑"，人的生活也日益依赖"标准化"的进步，似乎只有不停地进步，才能获得一种力量感，才能支撑人类"文明"的大厦。

"人在本质意义上是一个精神存在"，它表示人对于美好生活的追寻是以内心自由和精神愉悦为判断标准的。如果劳动过程并不快乐，那么即使物质生活再丰富也并无"审美境界"可言。在关涉职业教育价值的领域，人们通常关心的是教育产品的效用和效能问题，工业化已经使职业教育的发展逐渐疏离甚或抛弃了传统的伦理精神。而在伦理价值领域，我们则不但要关心效用，而且要关心人的主体性价值和人的幸福问题。就初衷而言，学校职业教育是为迎合社会化大生产和促进技术的持续进步而安排的，它在工业化初期为工业发展培养了大量的技术后备军并在一定程度上促进了教育平等。但是职业教育着力培养各类专门的技术人才，专业的口径被定得很窄，而这又是技术日新月异的发展趋势所必然要求的，学生的理智本质的多半就只能在这种狭窄的轨道上发展，这又为未来的择业可能性和社会上的高报酬行业所强化。

职业教育更多地是把外在知识和技能传输给生活者，而与生活者的精神是疏离的。这种价值态度的转变影响了人们的习惯和评价，技术效率而不是人的完善成了共同追求的目的，它代表了一种新的感知方式和价值态度对自我、社会和自然关系的诠释。人的理智只与技术有关，而与伦理、责任感、道德反省等关系甚微。理智主要是外倾地指向技术，而不能内倾地融渗到情感、意志之中，这使人的品质之中缺失了反思和自省。反思和自省就是在欲望、情感和冲动面前的停步，思考这种欲望、情感是否正当、合宜。正是由于缺乏这种品质，许多人的情感、意志自然处于未开化的状态，而理智能力则受到了严格的训练和使用。

教学病理学认为，人们在功利驱动的教育中迷失了自身尊严、神圣意义与价值意义，时至今日，工具化和片段化的"教育病症"已经病入"膝理"。① 职业教育与人精神的全面塑造和涵养已经没有什么关系，逐渐失去了教育的伦理本性，而成为一种纯粹手段，事实上处于一种讨好技术的状态，难以获得自主的地位。"从伦理学角度讲，工业化时期的职业教育失落的是人的精神品性。"②

---

① 石鸥：《教学未必都神圣——试论教学病理学的建构》，《湖南师范大学社会科学学报》1999 年第 2 期。

② 詹世友：《道德教化与经济技术时代》，江西人民出版社 2002 年版，第456 页。

三　知识经济视域下职业学习的社会化和终身化

全球发展的主导趋势必然是经由工业化社会之后向信息化、知识化社会发展。全球的文化逻辑也必然是由工业主导的一元化向知识经济的文化异质化和文化多元化发展。现代职业教育观也必将跨越国界，从更高的角度来把握公平，追求卓越，使职业教育成为每个人终身的福祉。此外，在知识经济发展的大背景下，人们被要求具有比以往更富有合作的精神。20 世纪以来，世界上最主要的科学成果之一——发现第六个夸克（顶夸克）存在的证据体现了现代人的团体精神。[①] 唯有相互合作，相互努力，才会取得事业的成功。因而重建道德，倡导和平、合作、互利的伦理道德精神，帮助青少年形成与人交往的正确观点和技能，成为各国教育关注的热点。因此在知识和技术快速更迭的现代社会中，职业院校显得愈加重要，它"以就业为导向、以人为根本"，与实践活动所指向的现代社会职业休戚相关，与社会的政治、经济、文化相互依存。因此，现代职业教育的发展必然蕴含着一种教育实践活动的伦理精神，它从根本上指引着职业教育改革和发展的方向。

现代职业教育的向善性体现为"公共价值"与"个体价值"两个方面：一方面是培养具有高超技能和职业道德的应用型人才以推动社会的进步；另一方面是为个人谋求幸福，在以职业角色为主的多重社会角色中，指导并教会个人如何能够生活得更美好。现代职业教育的伦理本性体现为两个方面：对社会的伦理价值即"公共价值"与对个体的伦理价值。

---

① 《全国中小学生素质增长率经验交流会传达提纲》，技术报告，1997 年9 月。

一方面，职业教育的公共价值指职业教育所要培养的人具有善的意愿并有能力造福公众。现代职业教育的"公共价值"体现为社会公共生活中的伦理目标指向——公益性，确保现代职业教育的基本道德属性。它为社会大多数人提供受教育机会，尤其是保障边缘、底层的弱势群体的基本教育权，它是现代职业教育促进经济社会和谐、良性发展的保障性因素。职业教育"公共价值"的真谛在于服务经济社会、解决国计民生的大问题，引领社会潮流，创新工业文化，保持人类生产、生活与自然生态系统的和谐关系，使工业化回归可持续发展之路，充分顾及人类子孙后代生存和发展对环境的需求。同时，"公共价值"赋予现代职业教育目的意志自由，通过对人和自然生态的观照，反抗技术理性对人和环境的奴役，超越发展经济的功利性和技术的工具性。

　　另一方面，职业教育的个体价值即职业教育所要培养的人认同自己将要从事的职业的意义和价值。"个体价值"具体表现为，现代职业教育为经济社会发展提供不竭的技能型人才动力和智力德性支撑，使人们各就其位、各得其所。在以职业角色为主的多重社会角色中，指导并教会个人幸福地生活，是现代职业教育的题中应有之义。现代职业教育的"个体价值"体现为促进每一个具有不确定性、超越性和创造性的个体生命得以自我完善、自我发展和提升境界的价值诉求。

　　"教育是一门艺术，是否能把人的向善禀赋实现出来决定着人能否幸福。"[1] 现代职业教育维系人的自然生命的存续和

---

　　① ［德］康德：《论教育学》，赵鹏、何兆武译，上海人民出版社2005年版，第7页。

精神生命的形成，通过授人"一技之长"，使人拥有安身立命的物质基础。教育是人的精神活动，影响人类个体的精神生命质量和精神生活质量。现代职业教育的专业定向性包括：授予个体职业知识，培养其能力与促进学生职业文化认同。职业教育过程即学生职业文化认同过程，在此过程中，学习者认识到将要从事的职业的价值及其意义，形成特定的职业角色理想，并以之为榜样，使学习和训练过程成为特定职业人格形成过程，认同并践行相应的职业精神，认同专业学习，从中享受生活、完善自我。

个体意识到自己工作或劳动对他人、社会和环境可能造成的影响，理解承担职业责任是现代社会成员社会实践活动的基本伦理准则，就是认同了自身职业活动价值的实现在于"善"的精神：用自己的才智为他人造福、仁爱、利他、敬业、奉献等。无论是公共价值还是个体价值的本质属性都在于职业教育能够给学习者带来幸福。"善"的精神成为职业或工作价值诉求的真谛，它规定了职业教育应该承载的独特的道德责任和使命，是现代职业教育发展应当恪守的根本价值原则，其伦理追求在于提升和发展职业教育学习者向善的意愿及能力。

四 现代职业教育呼唤人的职业幸福感

工业化是现代社会的驱动力量，但工业社会还不是完全的现代社会，只有具有高度发达的工业社会形态才是现代社会。在现代社会中，职业是现代人的主要社会角色，是人实现自身价值的基础和前提。如马克思所说，人是社会关系的总和。当我们要了解一个人的生活态度、价值观念以及生活形态时，最先了解的应该是他的职业。"职业是以谋生为基本目的，基于市场交换驱动的分工基础上，个体必须从事的连续的制度化的社会生产或服务性专业活动。"① 职业之于个体的功能在于表现个体的生存状态、维持和改善个体生计、开发人的潜能进而创造社会财富、促进社会文明。

第一，职业表现个体的存在状态。首先，职业是个人收入的主要来源，通过职业活动，社会成员获得维持其生命存在的基本的物质和精神资料以及相关条件。职业构成个体生命得以存在和维持的基础。其次，职业象征个体身份。职业与个人声望、权力及所得之间，有高度的相关性。现代社会的职业认同已经取代了籍贯认同，成为"公民确立自我的依据"②。最后，职业使人处于劳动关系中，使人的活动社会化。职业活动是社会中的人进行社会整合的过程，职业是无法由个体的人孤立从事的，它高度地依赖各职业人之间的相互合作。人们通过职业活动增加了劳动者个体和社会整体的福祉。

第二，职业表现职业人的个体发展，个体人的发展分为三个层次。第一层次：职业的获取是一项长期的过程。从幼儿直到成人，人生的每一阶段均有特定的发展任务需完成，经由多阶段的逐步实施，建立个人的生活形态，以促使个人能够经济上独立、情感上敬业、生命本质上追求自我价值的实现。第二层次：职业开发个体潜能，实现人生价值。个体在为社会提供产品或服务的过程中，相应的专业知识、技能和意识得以生成，个体相关的潜能得以开发，他们在相关领

① 肖凤翔、所静：《职业及其对教育的规定性》，《天津大学学报》（社会科学版）2011 年第 5 期。

② Dolores laGuardia and Hans P. Guth, *American Voices: Culture and Community*, Mountain View: Mayfield Publishing Company, 1997, p.642.

域的发展超过平常人。职业是开发人潜能的主要场域，职业活动能使职业人获得一种成功的心理满足感，同时也能使社会其他成员得到最佳质量的服务。第三层次：职业塑造人的个性。每一种职业都会令从事这种职业的人留下"革新痕迹"①，并改变他们对人生的看法，从事相同职业的人往往会有一种同质性。职业教育的学习者为追求人生幸福而参与职业教育。

据马斯洛的观点，人具有生存、安全、社会、受尊重以及自我实现的不同层次需求，这些需求的满足就构成了人生幸福的基本条件。学习者对幸福的追寻体现为对社会的良好适应，找到合适的工作岗位来施展才华，从工作中获得成就感，在与同事等其他人的交往共处中体会到真实的情感，将个人理想与社会需求统一起来，感受到人生幸福的真谛。

具体来讲，第一，基本生理需要的满足是人的自然生命得以存续的前提。基本生理需求包括食、衣、住、行等需求，具有最强烈的势能，成为人一切需要的基础。职业教育传授知识技能，训练谋生手段，使学习者获得就业机会，以此得到基本需要的满足。第二，对职业安全和生活安稳的追求促使人积极参与继续教育和职业培训。人有免于危险、恐慌、匮乏等的要求。对于职业人而言，它包括对于工作职位的保障、意外事故的防止等不同的需要，这些需要可以通过职业继续教育和培训得到保障，因为它们可以提升人的能力、素质，使之获得竞争能力。第三，爱与被爱是人的社会性需要。从家庭走向社会后，职业是人最主要的社会角色，由职业展开的交往关系构成人最重要的社会关系。在工作中建立友谊、

---

① 叶至诚：《职业社会学》，五南图书出版股份有限公司 2001 年版，第 5 页。

联合关系的保持、团队接纳与组织认同等是满足人们社会需要的重要方式。第四，职场成功是人获得尊重的重要途径。受尊重的需要，包括自我尊重（如自由、自信与成就等）以及受人尊重（如地位、名誉、身份等）两个方面。在职业场域中往往表现为对地位、名利、权力、责任，及与他人收入相对高低等需要的满足。第五，自我实现的需要。这种高层次需要是将贡献社会与个体实现自身价值统一起来。职业教育的目的是通过促进学习者潜能发挥促进社会进步，促进学习者个体身和心的发展，使其获取独立、自由和有劳动者尊严的人生价值。

因此，职业教育引领学生在追求幸福过程中获得知识、获得能力、获得成功、学会创造，为学生追求一生的幸福奠定良好的基础。对于人来说，幸福不仅是乌托邦式的追求，更是建立在现实社会基础之上的。幸福既是一种终极价值意义的目的善，也是一种现实的过程善。生活在现实社会中的人们，不可能脱离社会进行自我设计、寻求个人完善，而是要把个人的理想、诉求与社会需要紧密结合。

本章小结

历史研究可以帮助我们发现职业教育精神性的内涵特征及其演变。职业教育要为特定的时代培养人，每个人都蕴含着其时代所谓的伦理价值。在研究职业教育的伦理精神时，我们需从距离自己最遥远的时代的事实入手，从现象的起始状态到它对当前状态有哪种影响都值得研究，从而获取一些前人给予的至关重要的启示。我们分析历史是为了更好地分析和理解现在，乃至看清楚现在。因此我们剥离所有时代赋予的功利价值，用最原初的冲动——近似生物性的责任与爱解释职业教育的源起，将寻回职业教育的神圣性与尊严。久远时代的伦理精神是具有深远价值的，对我们今天的职业教育仍具有指导意义。

最原始的职业教育萌芽孕育了人类朴素、自然的教育情感；师徒制教育以师徒之爱为情感根基；工业化为追求社会福祉催生了现代形态的职业教育；工业发展以及传统师徒制自身的衰败和伦理丧失导致其最终让位于学校职业教育，但工业的技术理性很快又使其面临伦理的困境。信息化、知识化社会的来临使现代职业教育突破工具理性，追求人的主体价值。从历史的梳理我们可以看出，职业教育扎根于人在特定时代的职业经验，建基于社会形态的更迭，它力图使个体与人类共同的经验关联起来，使每个人尝试经验的累积和更新。这些经验包括对客观物质世界的理解，也包括对人生和生命本质的追求。职业教育便是不断地把生活经验转化到新的职业生活中、形成新的经验的过程。在这一过程中，每个人回归人的本源价值，找寻职业教育中人的尊严和意义。

第二章　现代职业教育的
　　　　伦理范畴

　　范畴作为思考的基本工具之一，是人类思维形态中高级的、结构稳定的基本概念。① 爱因斯坦的"科学定律和伦理定律"提出：确实存在"伦理学公理"，即"能够推演规律三因素构成的基本范畴"。人类两千多年的伦理学研究表明，范畴分析是伦理学的最重要的任务之一。对职业教育的伦理内涵的把握，关键也在于对其核心范畴的理解。可以说，职业教育伦理范畴的发展历程，体现着职业教育伦理本性的发展与变化。随着科技的迅猛发展，当今世界正在发生天翻地覆的变化，我国也进入由经济转型带动的社会全面转型时期，正在由工业经济向知识型经济转变。国际大形势和我国的社会转型都对人才提出新的期待，"面向发展""面向现代化"，为未来社会培养主体性、创造性和有责任感的从业者，已成为职业教育道德性的诉求。

　　关于伦理的基本范畴，摩尔认为是"善"，在康德看来是"理性"，罗尔斯认为是"正义"。在教育伦理学的理论中，最早可追溯到基督教的"爱"，它是作为神的"父"与凡人诸子的爱，以"作为人际关系建构的基础，并且应用到

---

① 汪馥郁等主编：《实用逻辑学词典》，冶金工业出版社1990年版，第201页。

教育关系之中"①。后来学者如日本的皇至道在《人类教师与国民教师》讲到的"师德"②，鲁滨逊和莫尔顿提出的"教育公正"③，池田大作的"生命尊严"④，玛莎·努斯鲍姆的"心灵"和"教育民主"⑤。所有这些理论侧重点各不相同，有的着力追问教育伦理本性，有的侧重建构教育伦理规范，有的从教育价值的角度讲教育应当追求伦理精神，但不管从哪个角度和层面，对教育伦理的探讨都离不开教育人道、教育理性和教育公正等范畴。

我国对教育伦理进行专门研究较晚于西方国家，且时至今日基本都没有突破"师德"和"德育"的研究框架。但是，由于近年来我国经济社会的快速发展使教育现象变得日趋复杂，个别学者对教育伦理研究有所突破，如金生鈜从教育的价值追求出发，提倡教育的正义；⑥孙彩平由教育的伦理本性推导出教育的人道和公平；⑦王本陆提出教育要遵循"崇善"原则，包括人道与公正的原则；⑧肖川提出"平等"

---

① 《我们应该构建什么样的专业知识结构和认识结构？（三）》，新浪爱问知识（http://blog.sina.com.cn/s/blog_3e88c5180100tyxq.html）。

② ［日］信浓教育会编：《教育功臣列传》，教育科学出版社2007年版，第49页。

③ ［美］鲁滨逊、莫尔顿：《高等教育中的伦理问题》，普兰迪克—豪出版公司1985年版，第78页。

④ 黄富峰：《池田大作教育伦理思想研究》，中国社会科学出版社2010年版，第117页。

⑤ ［美］玛莎·努斯鲍姆：《告别功利——人文教育忧思录》，肖聿译，新华出版社2010年版，第89页。

⑥ 金生鈜：《什么是正义而又正派的教育》，《教育研究与实验》2006年第3期。

⑦ 孙彩平：《教育的伦理精神》，山西教育出版社2007年版，第55页。

⑧ 王本陆：《教育崇善论》，广东教育出版社2001年版，第312页。

与"尊重",认为"教育最本质上的意义是一项人道主义事业"①。根据学者们的研究,教育领域的伦理范畴都是根据各时期教育中现实的伦理问题提出的,主要包括人道、理性、公正几个伦理范畴,而"人的发展"始终是教育伦理的根本价值取向。

职业教育伦理研究的范畴正是针对职业教育中有悖伦理的现象提出的。现代职业教育与人的社会实践活动直接指向的现代职业休戚相关,其本质上必然内蕴着一种教育实践的伦理精神,它是职业教育实践在道义上保持一种普遍认同的状态的精神前提。从职业教育与人生命质量的关系角度可以更加准确地确定职业教育的基本价值取向:现代职业教育通过职业这一纽带在社会公共生活领域促进个人的发展,提升人的生命质量,促进人的自我实现,它的终极目的在于关注现代职业人的幸福。

然而,现实的职业教育当中存在一些违背教育本质善的思想和行为,直接侵害着职业教育学习者的身心发展,可以说职业教育比普通教育存在更严重的问题,除了大环境外,还有学苗、师资、职业教育在人们眼中的地位等问题。职业教育的学苗在大家眼里素质不高,自身也比较自卑,难以树立自信,缺乏责任感和自尊心,整个职业教育也必然缺乏吸引力。因此,对职业教育伦理的研究也必然体现出其自身特点:与普通教育相较,职业教育鉴于其地位是任重道远的,培养的人往往不是指导者、领导者、创立者和管理者,而是第一线的生产者、消费者和服务者,以基层为主,或者说大多居于中下层,他们的力量如何结合起来将产生重大的影响,

---

① 肖川:《人道主义、教育民主化与教育主体性》,《北京师范大学学报》(社会科学版)1993年第6期。

决定一个社会是否会变革。

因此，我们应对职业教育的学习者给予伦理的关怀，对职业教育现象进行伦理的审视。研究的合理性依据是：现代职业教育应具有伦理上的合理性，应符合职业教育发展规律、职业教育学习者的身心发展规律、社会的发展规律以及伦理的"幸福"理念。此外，社会分工理论充分指出了社会职业的重要性和意义，职业教育学习者有着不可替代的社会重要性及特有地位，提升其对自身的价值认知、职业理想，最终实现应该、良性、幸福等更高的目的。职业学校具有特殊的社会地位，职业教育者应提升自身教育意识与素质，校方也应该提高对其期望值与价值要求。职业教育伦理更深层的目的则是所有人对生命与世界的新的观点——人为何活着？应该如何活着？其中，人的主体性是一个条件，它应用于对生活的选择，对价值的选择，对工作和未来的选择创造，对情感世界的选择，以及最后对道德人格的选择和锤炼。

对于以上种种问题，本书拟探讨职业教育的人道、职业教育的理性和职业教育的公正三个范畴，其中理性和公正以人道为基础，人道的核心是"准职业人"的主体性。包括确立准职业人的主体价值，发展其自主性、能动性、创造性，反思职业行动对社会、环境的影响；职业教育应崇尚"完整理性"，杜绝工具理性思维的教育政策和人才培养方式，培养出"完整的人"；职业教育生来带有公平性、全纳性，职业教育的公正包括给予每个人机会的"公平的公正"和尊重差异性、追求效率的"补偿性公正"。此外，因职业教育学习者是一个特殊学生群体，职业教育的公正有一个基本的价值预设——"每个人身上都有太阳"，应注重开发学习者的潜能并采取多元的智能评价方式。这是职业教育伦理所追求的终极价值关怀。

第一节 人道：关注"准职业人"个体幸福

"道"是一个形而上的概念，其含义为事物、规律、本原、本体方向，属于思维层次的一种存在。人道是一个体现社会文化的概念，它从一个侧度上映衬着特定社会的文明水平。从词源上解释，"道"，从走入手，意为探究元首，寻求本质。人道，即探求人性之根本、本源，是人对自身生命生存样态的自觉、关怀与责任。[①] 人道是关爱，是对人的爱护、关心，把人当人看；不人道则为不爱人的、残忍冷酷的，如成语所指"惨无人道"。人道根本上由英文中的 humanity 来表示，它的本义是"仁慈的"[②]，在近代西方的伦理学研究中，人道的核心是追求人的"主体"精神，它的实现方式是"爱"。伦理学家们对人道的表达通常表现在以人为目的和对人性的尊重。弗洛伊德从精神分析入手，关爱完整的人性，后人评价他撕去了"完美人性"的伪善面纱。海德格尔和萨特等存在主义学者认为，人性无预设，完全是后天形成，因此人道就是要尊重人性。之后的后现代主义对生物原始本性的宽恕，切断了捆绑在人性上的完美化绳索，打碎了人的"理想主义"人性。这一思想在源头上类似"道法自然"的崇尚人性自然的道家朴素人性观。因此，人道就是要尊重人

---

① 朱贻庭主编：《伦理学大辞典》（修订本），上海辞书出版社 2011 年版，第 98—99 页。

② ［英］斯普纳编：《思果·牛津英语词典》，外语教学与研究出版社、牛津大学出版社 2009 年版，第 551 页。

性，顺从人之自然本性。

现代职业教育中的人道体现为对现代职业教育本源、规律、本体的理解，"道"是天地万物中的道，即天地人系统中这个大教育体系中的教育之道在现代职业教育中的体现。如杜威所说，"现代人的幸福需要在职业中实现，因为职业是唯一能够将个人的不同能力与社会服务平衡起来的事情，发现自己适合的职业并争取机会努力去做是实现幸福的关键"[①]。现代职业教育的人道体现的是给予准职业人获取幸福的能力，它立足于两个基本要素：人的自主与人的创造。自主是幸福实现的前提，没有自主性的人将降格为物，被使用、被操纵的生存状态无法构成人自己的生活，因此与幸福无涉；创造则是人的生命本质，人的幸福只能来自创造性的生活，机械性的劳动只能造就人的生存，重复性的工作过程根本无所谓幸福还是不幸。主体性、创造性和责任意识的建立是学习者幸福实现的基础。现代职业教育的人道亟须改变"差生"预设，确立学习者的主体性地位；进行一种从"以能力为本位"到"以人为中心"的价值嬗变；从"工作世界"和"生活世界"两个世界去关注学习者的生存及发展。

一 消除"差生"刻板印象，树立学习者自信

"差生"预设是职业教育作为教育体系中的弱者的社会心理，可以说是应试教育在我国长期占主导地位的消极产物。职业教育的公正首先就体现尊重人的个体差异，量材而教，开发人的潜能和理性智慧。职业教育的"差生"预设认为，中高职学生通常是中考、高考的失败者，是升学考试挑选后

---

① John Dewey, *Democracy and Education*, New York: Macmillan, 1916, p. 308.

"剩下来"的，是落第的考生。"差生"常常表现为人生观价值观不能适应社会要求，不能遵守纪律，不能按时完成学习任务，不好好学习的学生群体，是广大家长、教师唾弃或放弃的对象。这种"差生"预设是显失公允的，它作为一种假象占据了职业教育相关者的思维。

事实上心理科学的研究结果早已显示，传统纸笔考试的适用范围其实仅可用于检测"与语言和数学逻辑关系密切的学科知识"，范围非常有限。尽管它在我国的各层级考试一直占据统治地位，但是我们不能不说，仅仅以狭窄的学科知识将学生划分为优秀生和差生，这既不科学，也不合理，更不公平。尤其是对于那些在其他智力方面有潜力的学生特别不公平。古希腊时期"教育"的本义为"引出"，引出就是新人的诞生过程，蕴含着育化的意思。

教育在本义上就是与人的心灵塑造和潜能开发有关的，它关乎人的全部价值意义世界，连接着人的现在和未来发展，也努力证实人拥有的理性智慧和潜在能力。标准化考试在一定程度上是对教育本义的反叛，它的最大弊端在于：把学校变成考试的流水线，把课程窄化为为了考试的训练，把教师和学生都变成考试分数的奴隶。人的个体多样性被否定了，社会需求的多样性被忽视了，"行行出状元"的思想被否定了，现实的学习过程只存在一种单向度的评价标准。

职业教育的"人道"范畴强调"人"的主体地位，认为知识与技能应当是为人服务的，而非以"知识技能"作为人的唯一规定性和本质。人是多样化学习的主体，不是片面知识异化过程中的奴隶。依据加德纳的多元智力理论，"智力是以组合的方式来进行的，每个人都是具有多种能力组合的个体，而不是只拥有单一的用纸笔测验可以测出的解答问题能力的个体"①。柏拉图提倡"心灵转向"，它是对人生及生活意义的正确理解。职业教育的最大成就应该是人的内在精神气质的转化，在承认差异性和多样性的基础上为学习者找回自尊，开发其潜在的职业能力。知识并非全部的职业教育内容，知识旨在使人获得真理，即对自然存在的客观事物的真实认识，其方式是借助感觉和思维方式形成关于客观事物的观念。但是，职业教育内容中有很重要的一部分是人对自身生活方式和生存现实的审视与反思，它是对人自身未来发展的展现。"观念的理想成为真实的和绝对的价值，在训练和教学过程的反复不断地应用，它的功能始终是对实践活动进行普遍的修正。"② 职业教育不单纯是为了获取和积累这些客观知识，更是不断创造人本身的存在和现实的新形态。人的自我认识转化为其实践活动的基础，每代人在前人所创造的历史基础上进行生产和生活实践，每个人都在此过程中实现自我发展。

职业教育改变"差生"预设就要激发职业教育学习者的热情，学习兴趣是发展学习主体潜力的根本途径，职校学生是职业教育的主体。加德纳的多元职能理论告诉我们，每个人的职能方式都是独一无二的，因为智力呈现出组合的形态，每个个体都是一种独特的组合个体，有多种组合的方式，用纸笔测验可以得到单一的解答问题的能力，并非真实的个体智能。升学考试检测的只是人的多元智力中的一小部分智力素质，如果职业教育继续沿袭应试教育的老一套，那么就只

① 江唯：《多元智力理论呼唤教育的个性化》，2007 年 11 月（http：//www. dcjyw. com/lunwen/view_ 1551_ 1. htm. ）。

② ［美］罗伯特·霍尔、约翰·戴维斯：《道德教育的理论与实践》，陆有铨、魏贤超译，浙江教育出版社 2003 年版，第 185—186 页。

能重复制造更多的差生。按照多元智力理论的基本思想，职业学校学生不仅可能不是差生，而且可能在视觉与空间、身体与运动、人际交往以及生存和发展等许多智力素质方面具有被发现和开发的价值，他们的生存和发展潜力不仅是巨大的，而且也是多种多样的，他们是职业教育重要的主体性资源，由此看来，与其学习一时技能不如规划一生幸福。

职业教育人道就是关爱学习者的生存状态，对年轻一代进行生产技能及社会适应能力的教育，保障学习者的学习权利，突破单向度的评价，对学习者的需要关怀由片面到全面，由单一到多元观照的演进。人是学习的主体，准职业人是现代职业教育活动的中心。

二 实现由"物"及"人"的价值嬗变

近年来，"以能力为本位"还是"以人为中心"成为职业教育"为了什么"争论的热点。总体来讲，"能力为本"一直是当前职业教育理论与实践的主流，根据笔者在中国知网的检索，2005年以来发表的学术论文有75%以上是探讨能力本位课程开发、工学结合、岗位对接等。而对于职业教育应如何以人为中心，职业教育实践如何体现人之幸福的研究却相对较少。这反映出当前的职业教育是重"物"轻"人"的。

受教育绝不仅仅是为了谋生或升学，早在1996年，联合国教科文组织就在《学习：人类的内在宝库》一文中提出"人是发展的根本"的观点，教育人道指向学习者能力充分开发、每个人的终身化学习，最终实现社会发展的和谐。职业教育这种误区需要矫正，就应回归职业教育人道，以伦理关注学习者的成长，探索职业教育的理想目标模式、目标原则，不断提高人的精神境界，满足人的本性需要。在"以人为中心"价值理念下，人具有主体地位，人是独立的、实践的、感性的人，并非职业技能的附属品。他们并不仅仅是教育操控的对象，而是主动的学习者，人与社会、自然、历史和文化等生存的环境是紧紧联系在一起的。以能力为本位的价值理念并没有错，但缺失了"人是全面的、完整的人"的意义追求，技术和技能就是冷冰冰没有生命的。

职业教育的目的是要让人通过技术技能学会思考和实践，能够反思所学习技术技能与未来职业的关系，以及自己的职业与他人、社会和整个自然界之间的关系。现实职业教育中主体角色常常被侵蚀僭越，使主体丧失独立和自我而被客体化了。"以能力为本位"产生的最大问题就是人的价值没有受到足够重视，它体现在两个方面：一方面强调职业教育的经济功能，将学生视作"技能袋"，用大量零散机械的技术技能知识填满它；另一方面则是一种僵化的对象性思维方式，仅仅把学生当作"科学管理"的对象，用程序化和标准化的方式去惩戒管理和控制。然而，我们所存在的这个世界是一个"所有人共同存在感受的世界"，其间的每个人都是完整的，如果丢弃了人的独特价值，片面地强调技能的重要，职业教育将贬斥人的价值丧失其人道意义。

职业教育人道要求实现"以能力为本位"向"以人为中心"的价值嬗变。诚然，职业教育要传授技术、技能，且职业教育领域的技术技能水平是反映职业教育为社会服务水平的重要指标。但是我们亦不可忽略，职业教育本质上是具有双重属性的，即职业性和教育性，二者并存决定职业教育既有服务经济社会、为社会发展培养人才的属性，也具有促进学习者个人发展、为个人谋幸福的属性。"人是需要受教育

现代职业教育伦理研究

的，只有受过教育，人才能成为人"这句至理名言给我们重大启示，我们不能将职业教育仅仅理解为可以使一个普通人转变为具有一定谋生技能的人。它还具有更深层的内涵，就是职业教育赋予人的实然性，观照人的应然性，应然性指向理想、追求、创造力、超越性以及人的意义世界。爱因斯坦说："科学并不能打开直接通向'应当是什么'的大门"，也"不能由此导出我们人类所向往的目标是什么"，它"必须来自另一源泉"。① 职业教育尊重人性，要培养的是完整的人，促进人性的萌发和提升是职业教育人道的价值所在。

三 立足"两个世界"，关注学习者生存发展

"工作世界"和"生活世界"是与职业教育学习者关系密切的两个议题。联合国教科文组织 1996 年发表的《教育——财富蕴藏其中》指出，"家庭、社会、职业界、个人自由时间、传媒等都是必须加以利用的教育环境和资源，在教育社会中，事事都可成为学习和发挥才能的机会"②，它成为职业教育的指导性文件，体现着当下和未来的职业教育对其所培养的人的完整性的关注。我们常常把学生看作是凭借能力而获得知识，而不是获得人生经验的人，常常把教育看作是如何教给学生知识或如何发展学生智力的过程，而不是获取人生经验的过程，这样就造成知识与经验的分离，教育与生活的分离，学习与人生的分离。"工作世界"与"生活世界"根本意义上都是要尊重人的主体性，回归"工作世界"，是要将职业教育学习空间具体化；回归

---

① 《爱因斯坦文集》，徐良英等译，商务印书馆 1997 年版，第 174 页。
② 联合国教科文组织：《教育——财富蕴藏其中》，联合国教科文组织总部中文科译，教育科学出版社 1996 年版，第 12 页。

"生活世界"，则是要返回学习者的生命世界当中，尊重学习者，使其成为工作的主体、生活的主体。如果学习者不能够作为主体支配自己的工作和生活，那么，职业教育就失去了伦理意义。

"工作世界"是当前职业教育教育者和研究者津津乐道的话题。即考虑职业教育学习者在职前与职后的持续发展，在职业教育与工作世界构建一种紧密的关系，达成统一的框架。现代职业教育倡导以"职业性质"为核心，沿着"教育—工作"关系链进行课程开发，"情境""零距离上岗""无缝过渡"成为"教育—工作"关系建构的关键词。在"知识经济"带来劳动工具和劳动技术信息化的今天，人们按照后福特主义生产管理模式不断地重构着职业教育与工作世界间的关系，"工作场所学习"和情境学习成为职业教育观照"工作世界"的代表。

"工作世界"是结合当下的时代背景提出的，其核心观点是，关注在工作世界中的历练和学习者的可持续发展，应从职业教育和职业关系角度，将职前的职业教育一段狭小的时间和空间凝缩在人的职业生涯的整个生命历程当中。胡塞尔提出了人的"生活世界"理论。生活世界关注人的生命意识和本体意识，其实质是关注人的文化世界。

"生活世界"对教育的意义为，教育是与人的整个生命历程相关的，教育不可以遗忘和疏离现实的活生生的世界，教育中的人道是人价值信念的回归与重构，教育中的人是一个个的、具体的人，这是对人的尊重，绝非从抽象、绝对、普遍的观点来诠释人性和人的现实生活。"生活世界"思维不同于以往研究人的"设共相、求预成"——以抽象的社会生活取代个人的生活，以完美规范框定学生生活的思维方式，它致力于处理好社会生活与个体生活以及人的不同学习阶段的关系，坚信人能够以理智判断支配行动和具有自我发展的巨大潜在能力。"教育即生活"是杜威的名言，它的前提是人可以清楚生活的标准是什么，更应该知道怎样去度过。

从"两个世界"观照学习者的生存发展状态，是体现职业教育人道的根本立足点之一。鉴于时代的更迭和知识技能的快速更新，现代职业教育需要培养和发展的专业人员，光是依据"角色"来培养个体已经显得力不从心了，因为这种做法的出现是以工业时代对"专业化工作"的理解为背景的。回归工作世界和生活世界，开发个人创造性及个人能力发展的可持续性成为职业学习模式的争论和实验中极为重要的关键点。同时，注重"迁移"这一心理学研究的一个传统的热点。所有教育和培训机构都在追求可迁移性和可普适的目标，一定程度而言，这也是用人单位的期望。在考虑迁移的时候至少需要考虑到四个变量，它们分别是被迁移知识或技能的性质、情境间的差异、个体的性情倾向、促进迁移过程所耗费的时间和精力。通过正规课程获取的知识与现实工作现场应用之间需要一个较长的迁移过程，学习者通常进行进一步的学习或者花费足够的时间来做准备。现代职业教育要引入现实工作和生活的因素，充分利用学生的生活经验。要将学习者当作是一个活生生的人，他在日常工作生活中形成的习惯、兴趣、价值取向、情感体验等会成为他整个生命的一部分，并对他未来的职业起着奠基作用。

四　培养学习者主体性、创造性和责任意识

江泽民同志在北京大学百年校庆大会上的讲话中就曾指

出，"应该培养和造就高素质的创造性人才"①。没有培养出具有创造力的人，就是教育的失职和错误。就国家或社会而言，在知识经济和产业全球化的时代，一个国家或地区的知识创新体系和创新能力，成为国家、地区经济和社会发展的主要基础设施和竞争力的关键因素。创新人才作为教育的基本目标，必须得到足够的重视，必须致力于培养和造就时代需要的创造性人才。就个体而言，每个人的幸福都源自于自身的创造，幸福是最为宝贵的财富，它的实现与人的行动方式和努力程度相关。一个人所拥有的幸福不可能分给他人或者用来交换其他东西，一个人如果自己不能创造幸福，我们也不可能分配给他幸福。幸福来自于两个进步要素：人的自主与人的创造。自主是幸福实现的前提，没有自主性的人将降格为物，被使用、被操纵的生存状态无法构成人自己的生活，因此与幸福无涉；创造则是人的生命本质，人的幸福只能来自创造性的生活，机械性的劳动只能造就人的生存，重复性的工作过程根本无所谓幸福还是不幸。

如格尔斯所说，"一个国家，只有当它的人民是现代人，它的国民从心理和行为上都变为现代的人格……这样的国家才可真正成为现代化的国家"。从业者的精神气质、创造能力、劳动态度决定生产的结果，主体性、创造性和责任意识成为现代职业教育的价值诉求。

主体性、创造性和责任意识的建立是学习者幸福实现的基础，每个人的主体性在自身的创造活动中被开拓出来并成为人自觉承担责任的前提。主体性建基于人的理性控制下的自由，崇尚主体的责任意识、责任能力和对价值的自主择定。

---

① 《江泽民在北京大学百年校庆庆典上的讲话》，《人民日报》1998 年 5 月 4 日第 1 版。

就学校教育来说，其基本精神应同社会总体精神相一致，要给予这些即将成为社会建设者的"准职业人"以充分的发展空间，培养其独立、自主、自为的人格特质，对其主体性、创造性和责任意识给予必要的关注正是目前职业教育所迫切需要的。主体性使人以个体生命最为独立、自觉、自为、自由的方式存在，使个体的道德行为植根于明敏的心灵、无畏的勇气、坚强的毅力和热诚的信念。在一定的意义上可以说，主体性建基于内在的自由，即为理性所控制的自由，它是我们向某种最高的善皈依的自由。主体性使人崇尚主体自由和对价值的自主择定，勇于自主选择，并具有责任意识和责任能力。它强调自由意志和个人责任、责任和权利的对等。只有当一个人能够如他所期望的那样从一开始就自由地行动时，我们才能对实际上发生的事情追究责任。也就是说，自由意味着责任，责任必须要以自由为前提。自由是建立在对客观规律的认识和把握的基础之上，并非是脱离自然规律空洞的存在。意志的自由是行为选择的前提和基础，没有意志的自由也就没有理性选择，更不会有正确的认识和行为，最终人的社会责任感也将丧失。经验表明，随着选择自由度的提高，人的责任感也越强。从这个意义上讲，幸福是一种能力，它以人的主体性、创造性和责任意识的建立为前提，虽然这三者不能构成幸福，但却是幸福的必要条件。

在强调经济理性、生产标准化和管理规范化的社会里，幸福正在减少。职业教育培养的"准职业"是具有幸福能力的人，关注人在当前的职业学习和未来的职业发展的行动中如何创造幸福。因此，现代职业教育的人道力图标示着这样一个方向：尊重"准职业人"的自主选择，它也是职业教育得以有效进行的前提。

第二节 公正：个体、社会、生态的正义

公正是社会的首要价值，是人类追求美好社会的目标之一。人们衡量一个社会的发达程度，常常是以公正作为一个特别重要的评价标准。我国古代学者对公平的理解是"正利而为谓之事，正义而为谓之行"①，这里的公平是与人的行动相关的。孔子也认为"以直报怨，以德报德"，即用正当、应该的行动对待怨怼是儒家的公正。而我们通常的理解，公正是"不偏私、不偏袒、不弯曲、正直"，为人处世能够"一碗水端平"。

古希腊哲人很重视"公正"，它曾经是西方文化的"四德"中最为重要的。柏拉图创办阿卡德米学院时将"公正"作为招收学生的基本原则，它包含了教育机会均等，依据学习者自然差距进行择优录取等环节，后人认为这是西方社会教育制度公正的思想源头，事实上考试制度一直在执行这个选拔标准。至启蒙运动时，卢梭指出了教育不公正的绝对性和公正的相对性，他将教育的起点公正类比为"健全人与跛子的赛跑"，由于先天差异的存在，如基因、家庭环境和社会地位等这些在"公正的起点"之前就存在，卢梭认为这是在公正的名义下"眼看着健全人把跛子甩得越来越远"，真正的公正是兼顾弱者需求的，而实存的教育公正是虚伪的公正、真实的不公正，它最终使人和人的差距不但没有缩小，反而扩大化了。罗尔斯所指"公平的正义"就是为了确定一

---

① 《荀子》，中华书局 2000 年版，第 59 页。

种真正没有任何偏私的、不偏袒任何利益群体的、在起点上和程序上都公平的社会公正理念。公正范畴的发展超出人际的关系，在工业化产生环境问题的背景下，人们对公正问题的伦理研究开始涉及人与环境的关系领域，即生态正义的伦理问题。由此，到目前为止，正义、公正的理念就是涉及人与自身、人与他人以及人与环境的正义问题。

"教育是人类实现平等的最伟大发明。"① 现代职业教育因其最可能根本改善社会弱势群体的境况而成为社会公正的重要组成部分。现代职业教育公平表现在它的全纳性、个体差异性、弱势补偿性和生态性。全纳性指现代职业教育能够满足任何背景的任何阶段接受职业教育和培训的需求；个体差异性表现在以多元智能的视角看待个体的差异，特别是突出考虑职业教育学习者的智能特点，尊重个体的生存、发展和追求幸福生活的权利；补偿性考虑弱势群体的职业教育与培训需求，授其一技之长还要考虑其自我实现的职业追求，使处于不利地位的孩子都得到可以发展得更好的可能和条件。

一　实施全纳教育，保障人的基本生存权

职业教育是社会再生产的"工作母机"。职业教育公正是社会公正的重要组成部分，它在抽象层次上持守着基本的社会公正精神，它既具有教育公正的普遍性也表现出职业教育公正的独特性。全纳性教育是指"面向所有人在任何阶段上的教育"，它是在泰国 1990 年"世界全民教育大会"上《人人应享有同等教育权》报告中提出的，强调教育满足所有人受教育的愿望，受教育是所有人的基本权利。普通教育

---

① ［美］约翰·S. 布鲁贝克：《高等教育哲学》，王承绪等译，浙江教育出版社 2001 年版，第 71 页。

通常面对特定的群体，按照国际惯例，普通教育的适龄学生为29岁以下，硕士阶段的适龄学生为40岁以下。尽管很多国家和地区在提倡建设学习型社会和进行终身教育，高等教育的年龄限制越来越弹性，但绝大多数大龄学习者的选择都是接受高等职业教育，而非纯粹的理论研究学习。相对于普通教育，职业教育具有鲜明的全纳性，表现在"面向所有的有潜在劳动能力的人"，它体现出对学习对象的包容性、复杂性特征。

从理论上讲，职业教育从以下方面表现出全纳的教育公平特征。首先，职业教育囊括了所有学习工作背景和层次的学习对象，无论什么人，学生或者职场人士，都可以选择相应层次的职业教育或培训继续学习。事实上，在很多发达国家，职业教育与培训也是人们适应经济社会和科技快速更迭的基本途径。其次，从对智力（考试的标准）与身体素质的具体要求来讲，职业教育的条件也远远低于普通教育，较低的"门槛"使学习者很容易地跨进职业教育学习体系。最后，职业教育直接面向社会职业，社会职业的多样性决定职业教育专业技术教学的多样化，职业教育提供的专业技术选择范围远大于普通教育所能够提供的。可以说，职业教育的公正范畴包含着使每个人都受到理想社会教育的愿望，尽管经济条件的约束下这一社会理想还不能一蹴而就，职业教育的确具有社会调节器的属性，它在力争为每一位社会成员在社会博弈中提供实现利益均等的机会。从这个意义上讲，职业教育的全纳性也是实现社会和谐的基础，职业教育质量的优劣也是衡量我国社会稳定与和谐的一个重要指标。

二　构建多元评价标准，尊重个体禀赋差异

"教育的公正，是要把尊重和严格要求结合在一起。教育

公正的实现方式是非常具体的",苏霍姆林斯基指出"校园生活里不存在抽象的公正,采取无区别的态度和以固定的教学模式对待所有孩子恰恰是对公正的漠不关心"。职业教育的学习者表现出的智能特点往往是在数理逻辑、语言等方面能力的不足,通常对理论课程的内容兴趣不高。职业教育公正就应体现在尊重个体禀赋差异,根据学习者的智能特点进行教学设计和课程开发,保证学习者掌握命运、发挥才干需要的感情、思想、好奇心、想象力和判断力的自由。加德纳批判了传统意义上的智能概念,他指出,"智能不仅是解答测验试题的能力",它远比这个含义复杂得多。人的智能应当是在特定环境中围绕特定目的找出其实现途径的能力,它是一种"制造产品和解决某项问题"的能力集合,包括获得和传播知识、行动能力、表达观点或感受等。就像世界上没有完全相同的两片树叶,每个人的智能迥异,有各自的长处和弱点,每个人的认知方式也表现出巨大差异。

形形色色的智能类型表达了个体之间的显著差异,这要求教育要因材施教,传统的规范、统一的教育评价标准遭受了质疑:让所有的学习者学习同样的课程,用同样的教学方式进行教授,用相同的试卷测试评价他们学习结果的优劣,并以这个结果作为最终的评价标准进行升学的分流,这样的做法是否科学呢?加德纳理论所带来的教育怀疑对我国具有极大的启示,我国目前的正规考试和测试往往用来找出人的弱点而非长处,因此它并不是对人的认知能力最佳的评估方式。真正有价值的评价方式是找出评价对象的长处,给其机会发挥出最佳水平,评价的目的是要寻找和发现人的潜在创造能力。

人的智能是多元的,每个人的智能特征几乎都是不一样的，教育所要解决的问题就是如何对非传统智力特长的学习者进行教育，使每个人的潜能得到最大化发展，也可以说是进行个性化教育。我国职业教育面临的一个现实任务是为不能或不想进入普通教育系统的学习者打通一条升学途径，为缺乏谋生能力的群体和从普通教育脱离出来的分流学生以及产业升级和技术更新产生的待岗、失业人员提供职业教育与培训。

从公正的角度来看，职业教育在国家的层面上是一种补偿性的社会正义，也是富国之策的实现路径。在个人层面上是人的自我实现和追求幸福，因为"任何人都无可争辩地拥有全面发展才能的权利"。现代职业教育以多元智能理论为依据，开发新的学习路径，根据学习者的实际情况、兴趣倾向和职业岗位的需求进行教育，提供情景化的特色专业课程，使那些深受应试教育之苦、厌倦书本知识的孩子们亲身体会到职业场景的真实性，在逼真或真实的情境和教育环境之下感受工作世界的伟大与奇妙。

职业教育的学习者通常对理论学习兴趣不足，却普遍对动手制作或操作实践性学习兴趣十足，他们大多是不同于普通教育的智能类型学习者。职业教育以能力为本位，培养应用型的技术技能人才服务于社会的生产、管理和服务第一线，实践性是其显著特征。职业教育使学习者能够尽早地适应社会职业，给学习者提供职业情境下的学习和各种专业技能的实践活动的机会，这一基本取向正是契合了职业教育学习者的智能特征。

职业教育的公正性还体现在重新激起学习者对职业知识的好奇，使学习者的个性得以张扬，兴趣和潜能得以挥洒，使学习者的主体性意识得以建立，职业能力和职业精神得到充分发展。这是一种教育"实质"的公正，它追求最大程度上发展每个学习者的潜能，增长其知识、才干和德性。毋庸置疑，职业教育是"面向人人"的教育，它朝向每个人的发展，通过传授技术技能开发学习者的职业兴趣，为其提供职业机会以实现体面就业。随着知识经济和产业全球化时代的到来，职业教育最终会成为每个社会成员按照自身兴趣和学习需要进行自由选择的教育方式，在走向公平的道路上为每个人提供有价值、有尊严的生活，成为我国建设学习型社会的支柱，"今后之富国政策，将取径于职业教育"。

三 补偿弱势群体，助其谋生及自我实现

职业教育自产生以来就带有关照社会弱势群体的救助性质，它的内涵从"贫民教育"展开，随着工业化的发展逐渐拓展为一种正式的教育类型，它强调民生、追求平等、对应职业、贴近普通老百姓的生活。依据罗尔斯的理论，正义分为公平的正义和补偿的正义。公平的正义是指无论什么人，同是一国公民就应享有同等的受教育机会和权利，占有相应的教育资源份额，"每个人与其他都应享有平等权利和最广泛的基本自由体系"①。国家教育政策要强调各个社会阶层是不分教育等级的，它应当为保证每一个处于不同社会阶层的公民实现教育权利创造条件。平等分配教育资源，使人人都有基本受教育权利和参与教育竞争的机会，它是教育起点上的公正。

此外，罗尔斯所指补偿性正义则是对处于不利环境的群体的补偿，他认为，每一个社会里都确确实实地存在"优势

---

① ［美］约翰·罗尔斯：《正义论》，何怀宏等译，中国社会科学出版社1988年版，第56页。

群体"和"劣势群体",如果将教育资源在两个群体中用一个完全相同的标准进行分配,那就是分配制度、原则的不公平。补偿的正义就是要考虑不同境况之下人需求的差别,合情合理的做法是在不同境遇和教育资源分配之间找到平衡。对于弱势群体而言,职业教育能够授人一技之长,使一个人在职业选择和竞争上具有一定的竞争力,占有一定向社会上层流动的资本。

在这里职业教育满足弱势需求表现出两个层次,一是保障人的基本生存,二是为促进人的自我实现创造条件。关于基本生存保障,职业教育从历史上看就是为社会地位低下阶层谋生的主要途径,它的别名甚至称为"谋生教育"。当下,职业教育对我国农业人员、进城务工人员的教育意义非常重大,受了教育的比文盲参与社会竞争、占有社会资源的能力强,接受更多的教育要比受教育较少者拥有的机会要多,这也是社会正态发展的基本逻辑。农民工及其子女通过职业教育和培训可以获得更好的工作机会,可以到城市生活,甚至于改变农民身份成为城市人,这是他们"向上层社会流动"的途径。

此外,我国人口基数庞大,劳动力过剩的基本国情导致文凭的快速贬值,很多接受了普通教育,甚至受过高等教育的毕业生因为就业难成为新形势下的"弱势群体"。在争做"白领"不成的情况下,很多待业者意识到职业教育和培训是通向职业的绿色通道。我国中职 2011 年的就业率达96.71%①,高职就业率 90.2%,部分发达地区则达到

现代职业教育伦理研究

---

① 赵敏:《我国高校扩招与就业率的关系之综述》,《华章·初中读写》2007 年第 2 期。

97.94%①，远远超过同层次的高中和高校的就业率。

尽管有学者指出，职业教育因其本身是"二流教育"带有"复制社会不公正"的消极因素，但在我国的现阶段，它在弱势群体社会流动过程中的确起到了很多的积极作用，随着经济社会的不断发展，职业教育将在开发学习者的职业潜质、提升人的职业可通达性以及促进人在职业领域自我实现等方面起到日益重要的作用。

四　关注职业活动环境后果，实现生态正义

由于环境问题多是由"职业"活动产生的直接或间接后果，职业教育研究就必然负有不可推卸的责任，探讨人之职业活动与环境后果之间关系的生态正义范畴。随着工业生产带来日益严峻环境问题的产生，人与环境之间的正义是近年来伦理学关注的热点问题，"生态正义"也作为专门的伦理范畴进入理论研究和生产实践的视域。

生态正义是指人行动特别是生产实践的活动要遵守生态平衡的公理，遵守生物多样性的准则，为后代的生存发展谋幸福，在人类生存和环境保护之间实现正义，追求一种人和环境共同的可持续发展。生态正义包括两层含义：一方面涉及人与环境间关系的正义，"地球是所有生物共有的、也是唯一的家园"，人类应在工业生产与承担生态责任方面保证平衡以及人与其他生物应共享自然资源、同受自然正义约束；另一方面是人类内部利益的代内和代际正义。每个人，不管国别、职业或地位，都享有同等的利用和享受自然的基本权利，这是代内的环境正义。同时，人类是世代受地球恩惠的，

---

① 《高职就业率》，2012 年 6 月，新华网（http://edu.qq.com/a/20120611/000438.htm）。

过去的、现在的和将来的一代都同样地享有自然的利益，如果过度开发自然资源和破坏自然环境，留给未来人的将是一个破败的自然家园。

现代职业教育必须关注人职业活动产生环境后果的生态正义问题，它的使命不仅限于传授技术技能、培养应用型人才，更在于先进职业文化的传承与孕育。中国的古文化也孕育了丰富的生态和谐思想，"伦理"一词，古代哲人称之为"人伦物理"。"爱物"即孟子的主张，指尊重、爱护、保护自然界，被宋明儒家进一步发展为"民胞物与""天地万物一体之仁"。按照儒家这一传统，人的德性的实现，不仅不限于家庭或家族，而且不限于人类自身，还必须扩展到自然界，这种普遍的爱，才是完整的，也是终极的。

人与自然的关系，是一种伦理的关系，对某些人来说，这是难以想象的，更是难以接受的，但是当人类生存环境出现危机，直接影响到人类生存与发展的时候，人们不得不重新进行反思。人与自然界是一个有机的生命整体，人是自然的产物，也是自然界的一部分，人决不能把自己凌驾于自然界之上，作自然界的主宰。人之所以为"贵"，只在于人有觉、能思、能推，即"推己及物"。人应当将自己"放在万物中一例看"，而不应当成为万物的主宰者。这正是弘扬了人的主体性——只在于"为天地立心""参赞化育"，即放开胸怀，破除物我、内外的界限，完成自然赋予人类的职责和义务，这也是人的终极目的。

现代职业教育所关注的生态正义问题，正是通过绿色生产理念的传播实现的。如果说教育是引导社会文明的"灯塔"和社会文明传承的载体，现代职业教育就当之无愧地承担着"绿色"职业文化的使命，它要求职业教育回应后工业时代人类关于工业发展对人类个体、社会和自然界"善"的诉求，孕育出新型职业文化。现代职业教育是工业大发展的产物，与先进职业文化休戚相关。在绿色职业文化传播过程中，它是最富有生机、最为活跃、最执着于现在却又召唤着未来的因素。绿色职业文化最终将表现于社会组织体现在各社会群体的行为方式上，如柏拉图所说，"教育训练人的未来生活，它能使人变善，从而更高尚地行动"。职业教育通过培养认同绿色职业文化的生产和管理一线的管理人员和技术工作者，把绿色职业文化融入生产过程。如何把先进职业文化理念渗透到整个职业教育，融入到职业教育实践，使先进理念扎根于每一位劳动者的心灵，正是现代职业教育公正理念的诉求。

第三节　理性：追求工具性与
价值性的完整和统一

"伦理"一词，充分表明在关系问题上是要运用理性的，这种理性是一种完整理性。人的理性就是判断、理解和推理的能力。理性应用于理解自然物的本质和运动规律，就叫做理论理性，因为原则上这需要认识者采取一种静观的角度，"理性"一词本身在希腊文中就是"静观""有距离地看"的意思；而道德理性是要在人伦关系中表现出来的，于是关涉到人与人如何相互对待，人的意志、行为、情感等问题，所以与人的实践密切相关。

普罗泰戈拉认为人的理性智慧可以作为万物的尺度，康德认为人是"理性的存在物"，尼采认为理性是"权力的意志"，休谟将理性分辨出"应该"（ought to be）与"是"（to be），在高科技到来的时代理性又成为人们整个世界的有力工具。韦伯率先将理性划分为工具理性和价值理性，为人们应如何利用理性这一思维的工具奠定了思想基础。到底何谓理性？《新英汉词典》中理性可以用两个词表示：一个是"reason"，一个是"rational"。"Reason"做名词表示"原因"，做动词时表示"推理"；"rational"则指有道理、讲道理的，人的思维是有逻辑的和明智的。[①]《现代汉语小词典》中的理性包含两层含义：一是属于判断推理等活动的（跟感性相对），二是从理智上控制行为的能力。理智指辨别是非、利害关系及控制自己行为的能力。[②]

自从理性被划分为工具理性与价值理性后，人们开始反思理性的构成，工具理性显然受到更多的青睐，在现代社会几乎代替理性成为"万物的尺度"，而原本也是"尺度"一部分的价值理性，却成为被"工具理性"度量的对象。如果说普罗泰戈拉把人的理性作为万物的尺度所反映的是理性的一种傲慢，到后来科技或者说工具理性成为人们崇尚的唯一对象，便是理性的一种狭隘。价值理性在"理性"被作为尺度时被忽略，人的理性的完整性被分裂，必然导致整体性的人被放逐。因此可以说，理性由完整到分裂，其片面性被放大的结果成为人类众多灾难的根源。

职业教育理性是人这一理性存在主体的理性在职业教育活动中的映射。现代职业教育的理性范畴，追求的是工具理性与价值理性相统一的完整理性，它通过理性的职业教育实

---

① Henry：《*The Story of the Bible——Creation*》，外语教学与研究出版社1992年版，第15页。

② 《现代汉语小词典》，新华出版社1982年版，第119页。

践活动来养成"准职业人"自身的完整理性精神。这意味着在职业教育的理念、内容、教学实践等方面以一种价值理想引导和改善职业教育本身，更为重要的是，完整理性指向"有作为的生活"的价值理想，它将引导职业教育的学习者焕发出追求美善生活和创生灵感的精神动力。理性主要包括职业教育主体活动的自觉，对职业教育活动规律的把握。主要表现为职业教育研究的理性和职业教育实践活动包括课程设置、教学实践方面的理性。

一 完整理性关怀学习者的生命发展

马克思在《评普鲁士最近的书报检查令》中写道，"事实上没有任何一种动物，尤其是具有理性的动物是带着镣铐出世的，自由是全部精神存在的类本质"①。理性的自由和自觉是以主体性为前提和保障，主体性意味着人对自身本真的追求，也表现出独立、自主、自为等与其他动物形成差异的特质。作为一种精神性品质，完整理性观照人生活实践的反思，它使人的价值存在指向美好生活的理想，形成一种对美好生活的理解，而且它表现为对自己的生活和公共生活的治理，呈现出个人存在样态的伦理性和精神生活的完整性，它是一种人生命状态的完整理性。完整理性的人未必就是完美的人，但他是一个能够在社会现实中理智地进行判断、合理地进行选择、伦理地进行行动的人，他在具体的社会里是一个承担义务、具有伦理价值的主体性的人。

职业教育本身必须是追求完整理性的，并以通过职业教育这种培养"职业人"的实践活动追求完整理性精神，以进

---

① 袁贵仁：《马克思的人学思想》，北京师范大学出版社 1998 年版，第211 页。

入职业教育过程的学习者的个人理性实现为崇高目标，完整理性的职业教育理念关怀学习者的生命与发展状态。雅斯贝尔斯指出，教育使个人通过他自身认识了整体，而每一连续的人类时代都被同化到文化这个整体的精神中去。"而当整体的本质变得可疑，并处于分崩离析的状态时，教育就变得靠不住了，它成了一盘散沙，而教育的衰弱意味着人类的衰弱。"①

工具理性的片面膨胀是技术化社会的特征，蔓延到职业教育领域就是职业教育以外部社会为主体，"人力资源"遮蔽了本应作为目标主体的职业教育学习者，对社会发展的关注取代了对学习者生命状态和未来发展的关注，以社会发展的需求替代学习者个体生命完善的需要。忽略价值理性的片面工具理性，必然导致职业教育工具化和单向度发展，无法培养出完整理性的人，必如雅斯贝尔斯所说"最终走向人的衰弱"。人的价值始终是职业教育最本质、核心的价值，完整理性的职业教育目的体现为价值理性与工具理性的统一，确保"人是人的最高本质"。也就是说，职业教育学习者的生命和发展状态是职业教育的首要目的或价值根基，经济社会发展需求的价值满足是建立于个体学习者的完整性基础之上的，是职业教育内在价值外化的结果，它是以个人目的为基础的。以职业教育满足经济社会需求的外在价值作为设定职业教育内在价值的源头，就是走进了一个价值误区，使职业教育脱离了价值理性的指导，完全被工具理性左右。

职业教育必须在价值理性和工具理性中找到一个平衡，为学习者在校学习和未来的生存发展提供丰富多彩的动力和

① ［德］卡尔·雅斯贝尔斯：《现时代的人》，周晓亮、宋祖良译，社会科学文献出版社1992年版，第56—57页。

现代职业教育伦理研究

资源，以此作为其适应社会职业、参与改造社会实践的基础，职业教育的内在价值也就转化成为外部价值。作为培养"准职业人"的教育类型，职业教育应关怀人的生命存在状态和发展的基本需要，以完整理性为理念观照"准职业人"的"生存性"与"发展性"需要。

二 避免"理性知识灌输"，开发人的创造性

日本学者小原国芳认为，"教育必须是不折不扣的'完整人教育'。所谓'完整人教育'，是指塑造健全的人格，缺乏人类修养的人是功能残缺的人"①。在此基础上初步形成对于职业和人生的独立判断、批判性思考、实践能力和健全人格，从而为他们赢得和创造更好的未来发展空间奠定必要的基础。培养"完整人"是教育的根本使命和终极目的。职业教育绝非将人视为"器物"，可以用理性知识技能填充起来，再赋予其以某种"应该"的工具理性价值。

职业教育以培养人的技术技能为特征，以"职业"命名，比其他教育类型更容易推崇技术性而忽略教育性，当下的职业教育实践活动充斥着工具理性，重技术技能的"灌输性"和"产出性"，将人贬值为"技能口袋"，这是职业教育中工具理性对价值理性的僭越。如洪堡所说，拥有完整理性的人，他首先是一件"艺术品"，不是"精准、专业工作着的机器部件"。职业教育的目的成了培养足够数量的技术后备军，随着知识技术的日新月异，职业教育的专业口径被限定得越来越狭窄，于是学生的理智本质就多半只能在这种狭窄的轨道上发展，这又为未来的择业可能性和社会上的高报酬行业所强化。

---

① ［日］小原国芳：《全人教育论》，瞿葆奎译，人民教育出版社1989年版，第302页。

工具理性给职业教育带来伦理的困惑，导致职业教育的伦理意蕴丧失和"完整人"的价值虚无，理性化致使职业教育目的的人本价值虚无。可以说，当下的很多职业院校都与人精神的全面塑造和涵养脱离了实际关系，职业教育逐渐失去教育本性，完全沦为一种工具，在客观事实上处于一种对技术状态难以获得自主的地位。从伦理的视角来看，任何类型的教育都是朝向人的发展，观照人的幸福，尽管职业教育是面向职业岗位的教育，但它的根本诉求与普通教育在总体趋势是一致的。职业教育中的"准职业人"通过全面体悟职业世界，拥有适应工作变化的能力和获得幸福的职业生活，决不能片面地追求技术能力训育，要以职业环境为基础，以"完整人"的培养为目标，帮助学习主体实现自我价值。如勒维克从存在主义视角所指出的，工作体验是人的完整生命计划的重要组成部分，职业教育应当使学习者获得职业价值意义的自我认知和自觉，职业教育学习者应当是具有真正人格和内在发展着的自我。

三　职业教育政策追求发展"量"与"质"的统一

工具理性注重功效，追求统一的标准和可测量的现实结果，在世界各国工业化的过程中体现出对工业时代规模、数量和效率等指标的追求。价值理性比工具理性更为本质，它更注重审慎的反思，考虑结果和目的之间的关系，思考工具理性带来的结果是否偏离了发展的根本目的。职业教育政策的完整理性也可以理解为职业教育政策发展的科学性，即职业教育政策是否符合客观规律。鉴于职业教育与经济社会、行业企业的密切联系，职业教育的政策涉及更多的主体。作为一种特殊的教育政策，职业教育政策要协调的主体间关系也更为复杂多样。可以说，我国教育政策奉行"效率优先"原则，走"财政路线"，发展的重点总是围绕着功利性的现实结果，却仍然不能够摆脱虽然重要但却不受重视的窘困境地。

罗伯特·丹哈特认为教育政策单纯以效率为中心会导致两个问题。"一个是由工具理性政策驱动的行动无法促进教育社会价值的表达，另一个是教育将无法充分履行社会的民主责任。""它唯一考虑的问题是如何以最小的成本完成既定目标。"我国职业教育政策在推动职业教育规模方面做出了巨大努力，近十年来各级职业院校数量迅速扩张。据统计，2007年我国中职校仅招生人数就达810万人，占到高中阶段招生总数的49%，中职院校数量和在校生人数都占据了高中阶段教育总量的一半，基本与普通教育持平。2011年毕业的高职应届学生共计329万人，占当年高校毕业生总量的49.8%，至2012年我国具有普通高等学历教育招生资格的高职院校数达到1297所，占国内普通高校总数的61%。① 各级职业教育管理部门喜欢用"两个一半"来形容这个现状：即中职占高中阶段普通教育总量的一半，高职占高等教育总量的一半，概言之，就是我国职业教育已经占据整个教育体系的半壁江山。联合国教科文组织主办的国际职业技术教育大会指出，中国已经拥有世界上最大规模的职业教育体系，而这"最大规模的职教体系"是在十年之内完成的。从规模来看这一现状是喜人的，自改革开放以来，职业教育为经济社会培养了两亿各级各类技

---

① 《高等职业教育占当今高等教育的半壁江山》，2012年7月，新华教育（http://news.xinhuanet.com/edu/2011-07/20/c-121693211.htm）。

术人才，为推进我国教育从精英教育向大众教育发展奠定了数量的基础。

但是，我国的职业教育政策在价值取向上仅仅追求数量的庞大是远远不够的，内涵式发展要求已经急迫地摆在了眼前。职业教育面临的一个现实的难题是：数量规模有了，但吸引力并没有提高。究其原因，职业教育缺乏内涵上的魅力，尽管"量"庞大了，我国职业教育的"质"仍然低下。因此，我国职业教育政策从价值导向上需要突破工具理性对价值理性的僭越，确保职业教育相关者的利益和政策实践的伦理归附。体现主流伦理观念的政策才能获得大众的普遍认同，才能保证职业教育发展的正向性，否则遭致的可能是不理解甚至是蔑视与诅咒。

职业教育政策蕴含的伦理精神是追求增进人的幸福，提升职业教育内涵、推进教育公平才是职业教育政策"善"的实现。我们需要创建的职业教育理性是从增长型或"外延式"发展（注重数量、规模的功利性发展模式），向注重具有生态理性特征的均衡性发展、道义性发展、伦理性发展、人内在本质的全面性发展的过渡。马克思说："教育不仅是提高社会生产力的一种方法，而且是造就全面发展的人的唯一方法。"[1] 爱因斯坦讲："学校的目标始终应当是青年人在离开学校时，是作为一个和谐的人，而不是作为一个专家。即使对技术学校来说，这也是正确的。"[2]

---

[1] 《马克思恩格斯全集》（第 23 卷），人民出版社 1972 年版，第 530 页。

[2] 赵中立、许良英编：《纪念爱因斯坦译文集》，上海科学技术出版社 1979 年版，第 70 页。

四 职业教育研究摒弃功利和从众，追求独立与个性

职业教育研究的最高境界是将职业教育作为一门艺术进行考察，如果我们对职业教育研究的评价仅停留于技术层面，没有深入分析研究的实质，那么职业教育研究也就成为一种专业技术，失去了研究深度和意义。事实上，我国的职业教育研究在很大程度上已经步入工具理性的陷阱，研究的趋同化和急功近利就是职业教育工具理性的外显，"功利"与"从众"是工具理性在职业教育研究领域中表现出的两个鲜明特征。"功利"就是指相关部门以职业教育研究者和研究机构发多少文章，其中有多少核心期刊等作为绩效衡量手段评价其科研能力和水平。"从众"就是研究内容的趋同，人云亦云，对职业教育缺乏独立的和独到的研究见解。根据笔者对中国知网的检索，从 2003 年至今的近十多年来，专门以"职业教育"为题的文章就达 141092 篇之多，比 2002 年以前的 12821 篇翻了十倍不止。虽然这些文章中不乏真知灼见的心血之作，但认真分析，也很容易发现研究者的兴趣点很集中，主要分布在"项目课程开发""能力本位""情景化教学""衔接与体系构建""职业教育服务区域经济""与工作岗位对接"以及"国外经验的借鉴"等方面。并且这些研究的内容还表现出严重的趋同，对于教育形式人云亦云，对于发达国家经验更是简单地照搬过来，缺乏鞭辟入里的深层分析。这些研究上的不足导致的直接结果就是职业教育研究过于宽泛而呈现出浅表化，职业教育学科缺乏吸引力，职业教育研究特别是理论研究的不足。

职业教育学术领域的评价也以单一的数量指标为依据，

作为职业教育者、研究者评定职称和衡量学术水平的统一标准。这种在工具理性支配下的评定驱动了学术腐败、学术造假，至少是学术态度不端正的大量"学术成果"产生。我们可以以实证方法进行考量，但是这种考量仅是一种工具行为，是为了揭露本质内容的一种外部技术，如果把技术作为本质，把形式作为内容，那么职业教育研究就是舍本逐末，职业教育学就真正沦为了工具之学。在工具理性的魅惑和冲击之下，职业教育的研究者们承受着巨大的现实压力和良心的叩问。一部分人选择了随波逐流或妥协，但可喜的是仍有部分研究者固守着研究的伦理底线，他们拒斥工具理性的魅惑，珍视职业教育研究的价值，保持了独立、冷静和个性化的学者思维方式。职业教育研究在抽象层次上指导着职业教育实践，这需要研究者们不断凝练职业教育发展的核心问题，以特定的逻辑理论思路展开，选择适当的维度为切入点。职业教育研究决定着职业教育的未来，甚至于决定我们民族的未来，作为职业教育研究者有责任去思考、去体悟。

第三章 中国职业教育面临的
伦理挑战与困境

一种话语被时代凸显出来，一定是因为它在其时代有必要性。诗人雨果曾经说过，教育必须对制造社会的黑暗负责。那么谁又应该为制造教育的黑暗负责？如同中国的市场经济的外生性一样，中国的职业教育是个舶来品，尚未成长壮大的它还将面临时代洪流的冲蚀和中国特殊国情的考验。对当代中国职业教育伦理精神的追问，也正是出于中国职业教育伦理价值的迷失及伦理精神对当代职业教育的必要。

第一节 中国职业教育面临的伦理挑战

我国从 20 世纪 70 年代末开始建设市场经济，从此进入了由经济转轨带动的政治、经济、文化全方位的社会转型时期。从摸着石头过河到完全市场经济的建立，社会的价值体系在不断发生变化，教育亦随之产生变化。市场经济使人对物的依赖加重，按照马克思的理论，这比对人的依赖有所进步，在一定程度上解放了人的主体性。但是，市场在解放人性的同时又将人性物化和扭曲，市场经济伦理问题的凸显使教育面临着挑战。为市场培育"职业人"的职业教育所面临的挑战尤其严峻。市场经济，是一种是资源配置的方式，是一种经济发展的模式，更是一种人的生命存在样态。

一 建立完全的市场经济对职业教育的挑战

（一）契约精神对人主体性的张扬和道德性的解放

契约精神在西方国家被看作国家建立的基础，即每个人通过让渡权利达成契约形成利益共同体，西方国家意志就是由每个公民的权利让渡达成的最大契约。市场经济的精神基础正是西方社会的契约精神，当下我国正处在致力于建设完全市场经济的过程中，契约同样构成商品交换的基石、民主政治的桥梁和利益共同体的纽带。契约精神也同样是我国建设完全市场和保障经济社会良性运转的基石。孙正聿先生曾把自然经济状况下人的存在状态描绘为"没有选择的标准的生命中不堪忍受之重的本质主义的肆虐"①。在计划经济状态下，人服从于政治，匍匐在他人的脚下，人的身份和行动被各种政治符号限定，人并非主体的人。市场经济的契约精神包含着协商、人是主体、自由、平等等思想理念，它的生成源自人与人之间的理解，彼此信任和完全的平等，无关契约主体的身份、门第和血缘。从这点来讲，完全的市场经济不是一种"熟人经济"，每个人都是主体性的存在，人们在互信平等的前提下才能够达成契约关系。

在此情况下，政治已经不再是唯一标准，不再是"没有标准的选择"。随着完全市场和契约精神的建立，政治的约束减小，教育也会拥有相对自由的呼吸，不再桎梏于身份和等级。人的主体性、物欲的追求、情感、个性等人性中一直

---

① 孙正聿：《恢复"爱智"本性的新世纪哲学》，《新华文摘》2000 年第 4 期。

处于压抑状态的部分受到了重视，从这个意义上说，完全的市场是解放生产力和解放人性的市场，也使教育的伦理属性得到张扬。人的主体性正是市场经济契约精神的体现和人对生存方式转型的适应。以契约为基础的市场展开了一个新型的社会结构，它就像一张张开的网，通过职业这一个个网结将各种身份的人连接在一起，由职业展开的交往关系构成现代社会最主要的人际关系，由此带来的社会生存方式的这种转变是多层次的和全方位的。

在经济生活方式上，劳动者的就业由过去的统一分配到由市场配置、自主择业、双向选择，劳动力流动性增大。个人可以根据国家的优惠政策自主创业，进行资本运营和投资，在获得经济生活自由和收益的同时又要承担相应的压力和风险。在政治生活方式上，随着民众经济地位的增强和文化程度的提高，人们的民主意识从薄弱到强化，政治参与热情增大，比以前更加关心国家的政治、民主、法治进程，社会草根组织、专业团体、行业团体协会等在某种程度能够影响到政府的决策，维护自己的权力和利益，同时对政府的要求也在提高，要求政府高效、廉政、民主和依法办事。在文化生活方式上，文化自由生活的边际扩大，由原来的枯燥单一的生活走向多姿多彩，如网络交流、欣赏影视和音乐、行为艺术、健身运动、旅游度假等。在感情生活方式上，呈现出对传统的婚姻价值观念颠覆的趋势，人们更加注重婚姻的质量，注重情感需要与自由，甚至出现了很多丁克家庭、同居试婚、网恋网婚等。这种表现既有顺应时代进步的方面，也有人们面对新生活方式表现出的无所适从，道德迷失。

可以说，契约精神实现了对人主体性的张扬和道德性的解放，同时这种张扬和解放也使人面临前所未有的挑战，因为新的生活超越了传统的经验范围，现代职业教育为市场经济培养合格的"职业人"，它将如何应对新形势中的新问题将是一个大的课题。

（二）"待价而沽"与职业理想、职业信仰的冲突

我国还处在社会转型期，目前的市场经济还是一种不完全的市场，在发展的道路上我国社会遭遇到很多前所未有的难题。发展市场经济所带来的人的主体性的彰显毕竟是建立在对物的依赖基础上的人的独立，对此不可过于乐观，应以审慎的态度看到，人在脱离"人的依赖"的同时，又陷入了对自己创造的"物的依赖"。经济与对物质的占有能力，成为衡量一个人的价值的新标准，人和人的劳动在市场中"待价而沽"。涂尔干说："……没有任何办法能平息贪婪，因为贪婪试图达到的目标远远超过了它能达到的目标。"[1] 我国的工业化和市场化已经激活、扩大、扩散了人潜在的物质欲求，这些活了的物质欲求反过来刺激工业化和市场化的加快，同时它也导致了社会职业信仰的陨落和职业伦理的严重失范。

我国经济社会生活的各领域中已经充斥了各种人的各种欲望，各行各业的"职业人"都深陷于这种膨胀的欲望之中，争相摆脱社会控制和道德约束，为谋求现实的利益努力，三鹿公司的垮塌、工业污染、"染色馒头事件"、地铁失事的出现、学术腐败频繁暴露等都毫不留情地击碎了人们心中美好的希冀。[2] 职业伦理缺失、职业伦理不良已经成为时代的伤痛，人们不讲诚信、违背良知的经济行为最终导致的将是

---

① ［法］爱弥尔·涂尔干：《职业伦理与公民道德》，渠东、付德根译，上海人民出版社 2006 年版，第 2 页。

② 茅于轼：《中国人的道德前景》，暨南大学出版社 2008 年版，第 12 页。

"易粪相食"的混乱局面。

根据经济研究部对全国制假售假情况进行的一项专门调查，发现制假售假在各地是普遍存在的现象，被调查的420家企业中至少有34.76%的企业被假冒产品侵权。据估计2009年被假冒的商品销售额是10.22亿元人民币，某些被假冒严重侵犯的企业，假冒商品占其份额超过了100%，最高达到568.84%。调查显示制假售假的特点是：自然人与法人制假售假并重、假冒形式以冒充为主、售假渠道多样化。[①]

转型期中国社会职业伦理不良，各行业普遍缺乏职业精神，时代呼唤职业伦理教育的重构。欲壑难填，人拥有的多，渴望的更多，欲望激起的是更多更大的欲望。当前我国社会种种伦理不良现象成倍滋长，性质之多样，触目惊心，这引发我们对当前职业伦理不良现象的深层思考。社会变迁会引发各种失范状态，经济运行模式和人的生活模式变化初期往往导致人原来群体理想、信念和价值方向的变更，人处于精神混乱状态，表现为缺乏节制和自我的丧失。新问题标志着工业化和市场化的加快，也说明了社会没有给人的新生活方式以价值上的约束，导致社会和经济秩序的混乱以及每个人的肆意无节制状态。正如涂尔干所说："要想治愈失范状态，就必需首先建立一个群体，然后建立一套我们现在所匮乏的规范体系。……满足这些条件的独立群体是由那些从事同一种工业生产、在同一个机体中聚集和组织起来的人们所构成的。"[②]

教育职业良知是从每一个职业人开始的，培养"准职业

---

① 中国打击侵权假冒工作网（http://news.163.com/special/qinquancheng-guo/）。

② [法] 爱弥尔·涂尔干：《职业伦理与公民道德》，渠东、付德根译，上海人民出版社2006年版，第7页。

人"的现代职业教育无可逃避地要承担起呼唤职业良知、倡导社会职业精神的责任。如果职业教育能够重塑职业人的主体精神，能够重塑职业理想和职业信仰，使每一个工业界的职业人都能带着精益求精、追求卓越的精神去生产每一个零部件，使每一个设计者都能去用心设计自己的产品，而不是去山寨他人的原创，如果每一个商业领域的职业人都讲求诚信，推己及人，中国的市场经济将面临怎样的繁荣？

（三）工具化与职业教育中"人"的模糊与支离破碎

市场的另一个负面影响是包括人在内的所有存在物的对象化和工具化。西方市场经济的发展历史与科技进步的步伐相一致，马克思惊叹科技的成就，资本主义在短短一百年的时间内创造了比过去时代的总和还要多的财富，市场的繁荣离不开科学技术的日新月异，正是科技成为市场中人们崇拜的灵光闪耀的神祇，接受所有人的顶礼膜拜。技术理性因为其改变人类生活的巨大魔力而赢得了人类对它的迷信与膜拜。如同人创造了神灵而后受神灵的支配一样，人创造了科技却又驯服于科技。马克思说，人是以"本性外投的"方式占有对象物，使对象成为"人的无机的身体"而存在，但在科技理性的魔力面前，人却常常被投射有自己本性的对象征服与占有了，反过来成为"对象的有机的存在"。人类自己的科技理性成了自己的异己力量，控制了人的思想和行为。

在这一理论的指引下，"思想简化成为操作的程序和共同的符号，语言清洗化为逻辑化的、精确的、单一性的人工语言"①，在追求效率和充斥着工具理性的社会中人的职业幸福

---

① 孙正聿、李璐玮：《现代教养》，吉林教育出版社 1996 年版，第108 页。

感正在减少，人的职业活动异化为机械化和模式化的程序，失去了绚丽色彩，处于工业化中期的中国自然也不能例外。根据我国人力资源开发网联合国管理学和心理学专家以及强势媒体在全国范围内开展的"工作幸福指数调查"显示，有28.8%的被调查者的工作幸福感偏低，有64%的被调查者的工作幸福指数得分并不是很高，只有9.70%的被调查者的工作幸福感较高，也就是说基本上每10个在职人士只有1个人的工作幸福感较强。①

从调查情况来看，国人被庸庸碌碌的工作所带来的危机感与焦躁感紧紧笼罩，职业幸福感普遍偏低。工具理性排挤了价值理性，人的生活在工具理性映照下失去色彩，人本身也被模式化、工具化，成为推进技术发展的木偶和经济进步的工具，何谈人之幸福追求？更可悲的是，教育这种培养人的神圣事业也成为科技和市场的"婢女"，教育的道德性丢失了。培养人的行动在狭隘的功利圈子里旋转，教育目的指向暂时的、物质的利益，忽略和丢失了人类社会历史上久已存在的"人之为人"的美好事物。史密斯毫不留情地批判："今天的教育正面临着普遍危机，教育已过分技术化，各式各样教育体系所产生出来的便是这样一种独特的人格：自私自利、争强好胜，只顾满足自身欲望和需要，而不具备任何道德理念。"②

职业教育更是生产"劳动力"的工厂，将学生铸造和历练成有效的工具，评价"工具"生产的指标是精确的，所有

---

① 杨艾祥：《中国"工作幸福指数"调查——工作为何不幸福》，《21世纪人才报》2004年6月10日。

② ［加］大卫·杰弗里·史密斯：《全球化与后现代教育学》，郭洋生译，教育科学出版社2000年版，第3页。

人的情感、人格、职业品质无法得到精确化的测量，便被忽略不计，"工厂"关心的是可精确测度的指标，学生更像是零部件，围绕精密的机器奔跑，人的命运都要由其符合科学检测标准的程度来计算，失败者要被打上淘汰的标签。在教育中，"人"渐渐支离、破碎和模糊，而逐渐清楚的是体现精确性和逻辑性的"科学"。尽管中国的科技尚不发达，但"工具理性"精神却已在戕害人的情感与非理性的本质了。

（四）"单子式存在"的人与人、人与自然甚至人与自我隔离

追求人的单子式的存在是现代化社会的另一特点。人的单子式现象是"物的依赖"在人际关系上的反映。单子论的哲学基础是牛顿提出的原子论，指"原子是在虚空中孤立的、漫无目的的和不能被穿透的，有明显的界线把自身与其他原子辨别开，即便有偶然的外部联系也只是发生在与其他原子碰撞时，并且这种联系纯属是外部的和偶然的"①。单子论是现代科技的标志性成果，但是它给整个人类思维方式所带来的巨大变化恐怕是单子论的贡献者始料不及的。

单子式的个体存在是指，人本来就是自足和孤立的，如笛卡尔所说，人的灵魂是不需要他物就可以成为它自己的"独立实体"。单子论的人际观认为，人际根本上是对立、矛盾分离、对抗和分裂的，是统一空间内的竞生。尽管人和人之间应该且必须达成契约关系，但契约是表象和偶然的关系，人际关系的内核是单子的，只有个体自身和自我的利益才是交往的唯一目的。"单子式的存在"的极端表现是：感官刺

---

① ［美］大卫·雷·格里芬：《后现代精神》，王成兵译，中央编译出版社1998年版，第207页。

激是唯一能够肯定的，包括生理刺激和感官享受，人的意识的产生就建基于外部的物质的感官反应之上。而感官无法体验的则被否定，精神性的追求和人的终极意义都是虚无缥缈的东西，人生唯有"及时享乐"才是真实。单子式的独立造成了人与人、人与社会、人与自然间联系的断裂和鸿沟，人愈加自负和孤独，加上功利主义与工具理性的摧残，人失去了与他人的亲密，在精神的孤独与焦虑中遭遇心理疾病，还失去了与自己共生的自然界的伙伴。

孙志文把这种裂痕与隔阂称为"疏离"①，在这种"疏离"中，学校在学科门类越来越细致的分划中繁衍起来。学生为争做强大的个体而背负上了沉重的智力负担，而这个智力并非多元的、和谐发展的智力，科技的独尊通常使学生在某方面智力的增长伴随着其他方面智力的萎缩和下降。不幸的教育现实是，学科导向的整个现代教育体系重视语言、逻辑、空间和视觉能力，忽视了学习者交往和情感等方面智能的提升，人在某种程度上被单向度化了。在如此的现实面前，教育的"繁荣与发展"与学习者身心的成长有多大关系？我们的教育到底是在促进人的发展还是在促进人的异化？学生在教育这个利益交换的场所中能够学会什么？会形成怎样的价值观念并把它带到职业领域中去？人们由于失望而不再信任教育，教育本身也正在失去伦理的尊严和神圣性而成为人们眼里和口中的"牟利场"。

二 中国社会的不平衡发展对职业教育的挑战

世界经济的发展是不均衡的，发达国家与后发展国家、

---

① ［德］孙志文：《现代人的焦虑和希望》，陈永禹译，生活·读书·新知三联书店 1994 年版，第 84 页。

发展中国家占有的财富和资源形成鲜明对比。我国的经济社会发展亦是不平衡的，我国幅员辽阔，东南沿海地区与西部地区的差距正在呈现出逐渐拉大的势头。我国经济社会不平衡发展的原因很多，包括自然环境差异、宗教信仰与文化的因素、历史和政治因素等，导致了各地区经济发展水平在版图上存在着东、中、西部的阶梯形落差。这种不平衡发展给我国社会带来了多样化，同时也使我国的职业教育面临着更为复杂的大环境。

（一）区域职业教育发展的不平衡与职业教育公正

我国经济社会发展的不平衡给职业教育带来了挑战。如同我们是 56 个民族的多民族国家一样，我国的支柱经济正在由计划转向市场，从产业上看有着工业和建筑业、农业、第三产业的差距，从地域上看则有城乡、东西部之间的严重不平衡。我国的基尼系数在 2000 年公布为 0.412，这个数值已经超过了国际公认的 0.40 的基尼系数警戒线，在这个数值之下的城乡差距已经达到 3.3 倍。联合国 2008 年将世界各国基尼系数从低到高排名，中国排在了第 93 位，数值高达 0.469。2010 年我国国家统计局仍表示"数值略有上升"。

根据《中国战略构想》的划分，我国经济社会从发展水平上可以划分为"四个社会"。第一社会是能够达到中等国家发展水平的区域，如北京、上海、深圳，这些地区的人口占全国人口的 2.2% 左右。第二社会是东南沿海地区和大中型城市，包括广东、浙江、福建、天津等省份和直辖市。第三社会的发展程度是相当于中下等收入国家的，如华北中部地区和东北地区。此外，我国还有地域广大、人口众多的农村地区、少数民族聚居区和边远地区，这些区域的贫困非常严重，但是这些地区的人口数却占据了全国人口总数的一半

以上。下面是统计局 2011 年 7 月 29 日发布的我国各个区域
GDP 排名情况。

表 3-1　　　　中国各地区 GDP 数量排名与
　　　　　　　　质量排名比较

区域排名	GDP 数量	GDP 质量	数量与质量之差
北京	13	1	+12
天津	20	4	+16
河北	6	13	-7
山西	21	23	-2
内蒙古	15	18	-3
辽宁	7	9	-2
吉林	22	14	+8
黑龙江	16	15	+1
上海	8	2	+6
江苏	2	5	-3
浙江	4	3	+1
安徽	14	19	-5
福建	12	7	+5
江西	19	21	-2
山东	3	8	-5
河南	5	12	-7
湖北	11	17	-6
湖南	10	22	-12
广东	1	6	-5
广西	18	24	-6

区域排名	GDP 数量	GDP 质量	数量与质量之差
海南	28	10	+18
重庆	23	11	+12
四川	9	20	-11
贵州	26	28	-2
云南	24	25	-1
陕西	17	16	+1
甘肃	27	29	-2
青海	30	27	+3
宁夏	29	30	-1
新疆	25	26	-1
西藏	—	—	—

资料来源：参见牛文元主编《中国科学发展报告 2011》，科学出版社 2011 年版。

从表 3-1 可以看出"四个社会"的 GDP 数量与质量的巨大差异，同时我国还存在区域内经济的不平衡，即便在同一个省或城市内也可能出现"四个社会"并存的情况，由此可知我国经济社会发展的区域间差异巨大。越接近西部的地区，城乡数值的差异越显著，特别是在落后地区的农村，农业基本靠畜力甚至是人力，处于自然经济的生产力水平。上层建筑建基于经济基础，不同区域在观念上也表现出明显差异，成为影响区域职业教育发展的因素。

相对落后的地区比发达地区有更大的职业教育需求，落后地区需要职业教育来提升区域内教育普及率和提供高素质劳动力，但是经济的落后与现实的职业教育需求形成了矛盾。

职业教育的成功需要不同企业行业的拉动和更多的资金支持，实习、实训用设备，工学交替的特色教育模式，这些离开了资金投入是没有办法实现的。成功的职业教育比普通教育更需要投入，但落后地区的现实教育情况是：学生辍学率高、学校危房多、各层级的教育师生比都很高、高素质的师资严重缺乏，这些差距使我们不得不反思，区域经济的差异给职业教育发展带来的挑战，这也是对教育伦理本性的挑战。

（二）职业教育政策倾斜与职业教育的道德性挑战

我国改革开放使"一部分人先富起来"，走差异性的发展道路，改变了原有的平均、统一的发展方向。中国的职业教育发展也由区域的差异而形成鲜明差距：东南部沿海城市如深圳、上海、南京等地已经成为我国发达职业教育的代表。除了地域的优势外，国家职业教育资源的倾斜也是经济发达地区职业教育得到优先发展的重要原因。国家对职业教育资源的分配，最主要体现在示范校建设项目上，即"百所示范性高等职业院校建设工程"建设。教育部 2006 年开始在全国挑选 100 所高水平高职校作为示范院校来建设，给予大量的政策和资金支持帮助其发展，这些院校无论是教学理念、科研实力、实训设备等各方面的综合实力都是职业院校中的佼佼者，他们被称为高职校中的"211"院校。

根据中国高职高专教育网提供的数据，截至 2010 年 2 月 22 日，中国大陆国家示范性高职院校共有 100 所。其中重点培育的 8 所高等职业院校分别是：山西煤炭职业技术学院、上海医疗器械高等专科学校、安徽机电职业技术学院、福建信息职业技术学院、顺德职业技术学院（广东）、广西机电职业技术学院、新疆轻工职业技术学院、江西现代职业技术学院。

并且，优秀的职业教育资源集中在沿海发达地区和大中城市。仅上海一个城市就拥有 30 所高职院校，其中 4 所是示范性院校；浙江省 71 所高职院校中 6 所是示范院校；北京和天津则各拥有 4 所示范院校；而西藏、内蒙古这样的地区则处于弱势，内蒙古仅有 2 所示范院校，西藏则在仅有的 3 所高职院校中保留了 1 所示范院校。另外，从示范校建设的批次来看，全国第一批示范校是 2006 年开始建设的"深圳职业技术学院"等 28 所院校，第二批是 2007 年建设的"北京工业职业技术学院"等 42 所院校，这些院校主要设在北京、杭州、宁波等地。我国在 2006—2008 年共建设示范校 100 所，原则是要保障各个省和直辖市至少拥有 1 所，但事实上数量最多的省份江苏省有 7 所。可见，经济发达区域的示范性高职院校数量比欠发达区域的多，且这些地区的示范校基本都建在市区，优秀职业教育资源与所在地的区域经济发达程度是正相关的。另外，从生源构成上来看，尽管国家规定示范校应跨省招生，尤其对西部地区的招生比例不应低于 10%，但由于学习的费用和信息的不对称性，边远地区学生到发达地示范校就读只有极少数。2009 年，我国共有高职院校 1207 所，普通高职的实力与示范校已经拉开差距，在生源逐渐发生短缺的情况下就有可能被重组或遭末位淘汰。

依据法国经济学家弗朗索瓦·佩鲁提出的发展极理论，经济增长的势头通常集中在某些主导产业部门、具有创新能力的行业或企业，这些行业和企业所在的地区能以较高的速度优先得到发展。这些优先得到发展的地区对周边地区经济的发展能产生极强大的积极影响，成为地区经济活动中具有磁场极作用的发展极。依据弗朗索瓦的理论，我国东南大城市如杭州、南京等地的示范性高职院校已经成为职业教育中的"发展极",它们拥有先进的职业教育理念,享有优惠的国家政策,有着更好的校企合作平台、国际化发展平台和最先进的实训实习基地,这些条件使示范校成为职业院校中的"龙凤"。发达国家现在已基本脱离了经济不发达的困扰,是否也同样脱离了发展不平衡的羁绊了呢?目前尚没有看出趋于平衡的迹象。教育的发展是否也遵循这样的规律:在达到一定程度的不平衡后,逐步走向平衡?教育领域的影响因素,也许比经济领域要复杂得多。

第二节　当前中国职业教育面临的伦理困境

一　职业教育被功利与实用俘虏以致自我迷失

职业教育直接为工业化服务,工业化的功利与实用价值已经使职业教育迷失了自我,陷入一个伦理困境当中。当前我国已经处在工业化中期偏后的发展阶段,近年来我国GDP数值的快速提升、人们对物质消费欲求的满足、经济结构指向生产和消费的高效性、社会物质福利的增多、分配制度有效革新以及社会文盲率降低等这些经济上的成就几乎使工业化与进步、发展和富裕成了同义词。工业化社会的文化价值观基础是经济发展的功利与实用。功利本位是工业化的基本特征。这种价值观对工业发展持有过于自信乐观的态度,认为经济、财富和物质产品的丰富与满足是拯救和造福人类的充要条件。功利与实用的价值观念随着工业化推进被不断地渗透到经济生活的方方面面,其地位不断上升,甚至形成了一种普遍的功利与实用价值的社会崇拜心理。

但是经济的高速发展并不完全等同于人和社会的整体发展，工业化的弊端也同样严峻地摆在我们面前。功利与实用的价值观念包含着人性自私的隐喻，这种片面的人性假设预设了竞争、占有、排他和对立性。工业化对物质消费的无限欲求也加剧了资源的枯竭，激化人与人、人与自然的敌对。日益严重的生态危机、能源危机、贫富差距，日益激化的社会内部矛盾和外部矛盾，特别是物质福利总量的增加并没有带来人的精神价值的相应提高，更无法解决现代社会人的幸福问题，于是人的主体性、自由、德性等在经济浪潮中不断招致考问和质疑。

学者们开始反思，功利与实用价值观所促进的经济发展并不等同于人和社会的发展与进步。我国工业化发展模式的"资源无限"预设是错误的，"过剩性生产"和"挥霍性消费"最终导致的是人在工业化过程中的自我迷失。现代职业教育是工业化的产物，它的伦理本性也随着功利与实用泛滥迷失了。当代学者批评"如果教育制度在拼命追求国家利润，为资本打工，教育很快产出的就是一代代有用的机器"①，我国的职业教育过于强调功利和实用，如同对自然资源的欲求一样，职业教育培养的人成为"人力资源"，职业教育要力争成为推动 GDP 数值攀升的助力器。培养"职业人"的实践活动一直周旋在狭隘的功利与使用的圈子里，"职业人"应具有的很多美好品性被遗忘和忽略掉了，人作为学习和职业主体的创造性、尊严，对职业、他人、社会和环境的责任这些重要的精神品质都变得不重要了。这是以眼前利益替代长远利益，以物质利益替代精神价值的短视行为，

---

① ［美］玛莎·努斯鲍姆：《告别功利——人文教育忧思录》，肖聿译，新华出版社 2010 年版，第 10 页。

导致的是职业教育伦理性的迷失。

二　职业教育学习者主体价值丧失

工具化的教育方式是由工业发展带来的负面效应，它在职业教育领域表现得尤为明显。所谓工具化教育，可以从职业教育对人的工具价值、实用技能的强调中看出来。职业教育的最终目的是为经济社会发展服务，"为国家培养有用的人才"。"有用"即为有"一技之长"，培养经济社会发展所需要的实用型人才。工具化有其合理性，职业教育只有发挥了这种工具价值才能在特定社会存在下去。但是工具价值毕竟只是外在价值，不是职业教育的根本价值。杜威说，"从外面强加给教育活动的目的不能启发一个更自由、更平衡的活动，反而阻碍活动的进行，使教师和学生都变成机械的、奴隶性的工作"[1]，职业教育的根本价值是人本价值。如果本末倒置抛弃了人的主体性价值，职业教育将是使"人之为物"的教育，将使人的"生命价值隶属于有用价值"[2]，从而使"人成为一个个可以换置的螺丝钉，人变成抽象化的单位"[3]。

作为经济社会发展工具的现代职业技术教育，遵循着"社会科学—技术—理性"价值逻辑，其直接教育目的是教授"何以为生"的知识与本领，放弃了"为何而生"的思考与追问，人生的价值、意义、职业道德和一些普世伦理，这

---

[1]　［美］约翰·杜威：《民主主义与教育》，王承绪译，人民教育出版社1990年版，第117页。

[2]　［德］舍勒：《舍勒选集》，刘小枫选编，上海三联书店1999年版，第512页。

[3]　金耀基：《从传统到现代》，法律出版社2010年版，第185页。

些真正关乎人类幸福的内容被忽略掉了，现代职业教育成为"忘记了作为一个人的基本生活态度和对待事物方式的教育"①。失去了发展的道德价值合法性的教育，是危险的教育，将会把人类的价值引入深渊，将会导致现代社会人的价值危机、社会危机和生存危机等，以及我们目前可能还预料不到的难题。职业教育宣扬的是人的使用价值，将人的各种能力彻底分解到类似解构机器零部件的程度，在特定的时空环境内使学生学习特殊知识或既定领域的技能。片段性学习的效果必然是不理想的，如哈耶克所说，"机械性技能学习使人不善思考变得日益功利性和机械性，学生却越来越被束缚和限制在实用和机械中，人的开放性、创造性被僵化和扼杀"②。结果那些最充分地"掌握"了当代企业规范的学生，在理想、道德、情操、社会良知方面恰恰最为短视，最无见地。

　　职业教育越来越变成单纯功利性的知识技能教育的同时，也进一步失去人本价值，失去人性和其与幸福之间的关联，培养出的将是众多缺乏人性的技术专家。从伦理视角来看，职业教育的主体应当是拥有着鲜活人性的人，而不是僵硬刻板的知识。人不仅仅是"人力资源"，更重要的是，人本身就是目的。人不仅需要技术和能力，更需要具有完整而丰满的人性。培养人的创造力、想象力和好奇心，人最本真的生命活力才能得以彰显，人才能感受到生活和工作的乐趣与幸福，人才能够自觉、自愿且高效地服务于其所生活的这个

---

① 　肖凤翔、所静：《职业及其对教育的规定性》，《天津大学学报》（社会科学版）2011年第5期。

② 　［英］弗里德里希·奥古斯特·哈耶克：《通往奴役之路》，王明毅、冯兴元等译，中国社会科学出版社1997年版，第136页。

社会。

三 "劳力者治于人"贬斥职业教育价值

除却现代化发展带来的功利与工具性文化冲击，我国的职业教育还遭受着特有的传统文化的鄙薄。我国历史上历来是"劳心者治人""劳力者治于人"，所以人们督促子女后代争当"劳心者"，实现的途径则是通过读书——"万般皆下品，唯有读书高"。而读书的动机也是非常功利的，因为读书可以成为"治人"的"劳心者"，还可以获得"颜如玉"和"黄金屋"。这种鄙薄劳动的传统文化观念始于儒家，在董仲舒时代曾作为治理国家的有力工具。随着漫长的时代交替更迭，它已经沉淀和固化下来，成为我国特有的国民社会文化心理。它对职业教育价值的贬斥表现在以下方面。

第一，培养"劳动者"的教育不是高尚的教育。自汉朝"罢黜百家，独尊儒术"以来，中国两千年来的教育目标是培养"仕"，为统治者巩固政权。读书人的目标是成为官员，数十年寒窗苦读，为的是有朝一日科举考试中榜，"学会文武艺，卖给帝王家"。平民百姓想要上升到统治阶级去，唯一的途径就是科举考试，只有"苦读诗书"才能有机会飞黄腾达、光宗耀祖。从学习的初衷、过程和结果来看，教育都是与生产劳动无涉的。并且，培养官员的教育目标对我国今天的教育仍有着重大的影响，有学者指出，我国当今的中考和高考制度就如同科举考试的翻版，二者之间具有继承性的密切联系。中国的教育目标不为生产劳动服务，不培养全面发展的劳动者，这种观念在中国社会如同一种宗教文化一样，不需怀疑地就把职业教育放在"二流"地位，把职业教育的学生鄙薄为"次等"的人。尽管接受职业教育更容易找到工作，但它不够"体面"，高等教育领域出现了就业难的问题，但求学者心中怀有"高尚"的理想，期待自己能够成为白领。脱离实际的"高尚"使思想变得狭窄，也造成我国职业教育发展的困境。

第二，实践教学方法偏重世俗，不够"清高"。培养管理者的传统教育主要靠传授理论性的治国道理和方略，不包括科技知识，主要的学习方式是读史、读论，教师讲解后进行理论的思辨。我国的教育传统中几乎是没有劳动操作和科技实验方法的，所谓学以致用、知行统一是针对"高尚"的教育，劳动、技术、技能这些都是"鄙事"，是卑微的"下贱"人才做的事情。长久以来，国人的个体观念、身心态度、公私关系等问题的认识都沉浸在这种认知当中。我国今天的教育教学主要方式还停留在课堂上的讲与听，传道授业的内容是传授书本知识的过程。这对我国的职业教育非常不利，动手操作的教育是为了"吃饭"的教育，影响根深蒂固。

第四章 对我国职业教育伦理缺失的分析

　　我国职业教育的发展和实践活动是置于追求现代化的社会转型情境之下的，不可避免地被打上时代和社会的印记。它在蓬勃发展的同时也面临着社会转型带来的挑战和困境，也可以说是在高潮迭出之际隐忧犹存。在社会转型的挑战和困境中，我国的职业教育正在从青涩走向成熟。现代职业教育具有服务社会需求的现实性，也具有引领时代的超越性。但我国职业教育的超越性必须建基于我国职业教育的现实情况，这也是我国职业教育伦理研究的基点。经历了改革开放以来多年的实践，我国的职业教育取得了可喜成绩的同时仍然存在很多问题。

　　本研究通过访谈等途径了解职业院校学生、教师和其他相关者的看法，以分析的方法展现零散事件的结构和意义。关于职业教育价值导向性的问题；相对于普通教育，职业教育是否有竞争力的问题；职业教育学生的综合素质问题；职业教育除追求实用性以外是否将教育对象作为全面发展的准职业人来培养的问题；职业教育的各方相关者，包括教师、家长、企业、人才市场以及学习者本身，对职业教育的认可度以及他们存在哪些忧虑和期望等。所有这些问题都与职业教育的伦理精神有莫大的关联。

经过研究发现，当前的职业教育实践的确存在着许多问题，不仅教育内容上远离了"学生为主体"的伦理初衷，师生关系也仍然停留在"表层的接近"，职业院校教学中存在教学效果差、效率低、学生厌学等现象，标准化和形式化的教学方式掩盖了职业教育教学本身蕴含的追求人本价值和职业责任的伦理精神。

本研究的目的不同于以往大多数寻求形式的规律或概念演绎的研究，而是要从具体细节入手，分析零散事件背后的结构和意义，并寻找阐述理论的可能。因此本研究采用问卷与实地访谈相结合的办法，主要采取的方法是偶然情境下的个别访谈，对于可以量化方式分析、能够反映共性的问题辅以问卷的调查。

本研究采取质性研究和量化研究相结合的方法，致力于以多重透视的方式对研究结果进行多重呈现，试图展现学生所叙述的零散事件之间的结构与意义秩序，在背景脉络的时空关系中建构一种形象生动的景观。

笔者着力从学生的角度陈述，但也不忘用教师的视角来验证。调研对象涉及 4 个省市的 5 所职业院校的学生、人文课教师和不同学科的专业教师，以及人才市场管理人员、企业人力资源部门的工作人员。选取了 4 省市的 6 所高职院校，向在校大学生发放了调查问卷，共发放调查问卷 3100 份，实际收回 2942 份，问卷回收率为 95%，调研时间为 2012 年 8 月至 12 月。研究对象选自不同专业的不同院校，包括 1 所示范性院校和 4 所普通高职校，同时也考虑到了学生的年级、性别，教师的年龄、职称等多项可能的影响因素。此外基于对调查研究的效度问题的考量，本研究遵从了陈向明提出的四个基本原则：

第一，自愿和不隐蔽原则；

第二，尊重个人隐私原则；

第三，合理性原则；

第四，公平报偿的原则。① 本研究将以此四原则为尺度进行讨论和分析职业教育伦理问题。

第一节　偏斜的人道

　　我国职业教育实践中存在一些困扰，学习者的尊严、主体价值面临困境，具体体现在学习者缺乏自信心、德育管理目的与人文教育内容的缺失、德育管理方法等方面的人本化缺失。职业教育的人道首先就是降低"社会边缘和低阶层孩子在可能受伤害的程度，打破贫困和排斥社会现象的恶性循环"②。但是我们的教育仍然是戴着有色眼镜去看待职业教育的学生，认为他们是升学考试中淘汰下来的生源，或者智力差、素质低。社会化对职业教育的印象，严格来讲，是一种错觉：职业教育者（通常包括职业院校的校长与老师）抱怨学生知识水平起点低，入校时成绩太低，不好教不好管，自己也"教不好，管不好"，社会用有色眼镜看待职校学生，认为是他们是"差生"。家长们甚至教育自己的小孩"不好好学习将来叫你上职业学校"，职业学校的学生自己也丧失了自信心，甚至于职业教育的研究者也以研究职业教育学为憾。

---

　　①　陈向明：《质的研究方法与社会科学研究》，教育科学出版社 2006 年版，第 63 页。

　　②　联合国教科文组织：《教育——财富蕴藏其中》，联合国教科文组织总部中文科译，教育科学出版社 1996 年版，第 129 页。

一 "考试失败者"对职业教育的"次选择"

学生就读职业院校，多是出于对考试结果的无奈，是一个"次选择"，他们中的大多数都关心就业情况并对未来的职业生活怀有着美好憧憬，同时也怀有着内心深处的自卑。关于"您就读您现在学校的主要原因是什么？"的问题，由频数分析可知，绝大多数同学选择了"由升学考试成绩决定"，达到总人数的34.2%。选择"该校毕业生就业率高"的共有776人次，占总人数的26.4%。居于第三位的选择是"先读着，再寻找升学机会"，占总人数的15.2%。其他选择的比率，如"学习一门技术跟上大学一样重要""该校教学质量高，声誉好"则紧跟其后。认为"读职业学院会有很好发展空间"的同学很少，这一选项占总数的5.1%，是总数量里非常微弱的一部分。

此外，笔者对在校生进行了进一步的访谈，在对"为什么要选择目前的专业？"多数同学的回答则是"容易就业"或"父母的意愿"。升学考试在我国一直处于绝对权威的地位，掌控着万千学子的命运，也是我国选拔人才进行专业和层次分流的最基本途径。成绩是客观和不可改变的，在能选择的范围内，就业机会就成了当务之急，因此，学生们所做的第二选择就是就业率高。第三个选择是"先读着，再找升学机会"。其实，这个选项多少有一点可能发生歧义的地方，是什么样的机会呢？是考研究生呢还是出国留学？笔者对此问题进行了进一步的访谈，根据同学反馈回来的信息，"专升本考试"或者"直接考取研究生"，再或者"取得专科学历后就有资格考公务员"是比较共性的回答。同学们认为，对于这几条"上升"的出路，职业院校的机会比普通高校里小很多，但读了至少还有机会，所以"先读着，再找机会"，在他们看来职业院校是他们通向更高阶层的"梯子"。

表 4-1　　　　您就读您现在学校的主要原因是什么？

	频数	百分比	有效百分比	累计百分比
该校毕业生就业率高	776	26.4	26.4	26.4
学习一门技术跟上大学一样重要	221	7.5	7.5	33.9
读职业学院会有很好发展空间	149	5.1	5.1	39.0
该校教学质量高，声誉好	284	9.7	9.7	48.7
由升学考试成绩决定的	1006	34.2	34.2	82.9
先读着，寻找升学机会	447	15.2	15.2	98.1
其他	22	0.6	0.6	98.7
父母的决定	37	1.3	1.3	100.0
总计	2942	100.0	100.0	

二　社会文化对职业教育学习者价值的轻视

为了深入了解家长的态度，笔者访谈了 A 家庭。访谈对象：全家三口，父亲今年 45 岁，某事业单位科长。母亲为中心小学语文教师，儿子为市重点高中高三学生。笔者："您希望孩子上大学还是上高职院校？"父亲坦言："儿子一定要上重点大学才有出息，他有能力继续读研、读博或留学我们即便砸锅卖铁都会全力支持他。我年轻时期望上大学没有机会，所以将这个未完成的愿望完全寄托在孩子身上，我们现在完全有条件供他读书，为什么不让他接受精英的教育呢？"母亲说："我们不希望自己的孩子只是有一份平常的工作就满足，我们希望儿子比我们这一代更有出息，特别我是在学校做教师工作的，对孩子的期望会比别人更大一些。"儿子认为："考大学一直是全家人对我的希望，我爸、妈说劳心者治人，劳力者治于人，只有考大学才能有好的发展，所以高中毕业我一定会考上大学，而且是重点大学，不然考普通大学还是没有希望的。"

各国的职业教育都生存发展于特定的文化环境的母体系统中。由学生和家长对职业教育的态度可以看出，中国文化对职业教育的负面影响是巨大的。我国文化中有五千年之久的光辉灿烂文明，也有一些不利于现代职业发展的惰性因素。职业技能从历史上就是纯属"雕虫小技"，只有社会地位低微的"贱"人才会从事的"鄙"事，是极不光彩的。高尚人的追求是"学而优则仕"，社会主流文化是"万般皆下品，唯有读书高"。观念上的东西通常由历史长河中沉淀得来，往往根深蒂固，最难改变的是今日的万千学子"读书"仍为"做官"，国家公务员报考次次热火朝天，中高考更是年年"千军万马挤独木桥"。

背负着历史文化的沉重包袱，我们今天的职业教育不免脚步沉重迟缓，重道轻术，歧视操作工和劳动者的现象随处可见，这对中国职业教育的成长壮大非常不利。"好孩子"自小就被教育要进入重点初中和高中，然后升入重点大学，"不好的孩子"在升学道路上受尽歧视和白眼，最后怀着无奈或者已经"无所谓"的心态进入职业院校。这是与我国经济社会要求职业教育快速发展相悖离的一种社会现象，事实上它更是一种文化现象，是一种伦理道德上的误区。据资料显示，当前职业院校的就业率已经远远超过普通高校，但是传统的价值观念仍根深蒂固地左右着人们的教育选择。人们的观念是不是使我国职业教育学习者难以确立主体地位，难

三 职业教学活动本身忽视学习者中心地位严重

职业教育教学本身存在忽视学习者中心地位的问题，教学内容、教育方式上都没有把学习者置于学习的主体地位，没有关心职业教育学习者特殊智能类型的开发，基本上在沿用普通教育的老套教学模式。在"您对贵校课堂教学是否感到满意"的调查中，有47.5%的人表示基本感到满意，有37%的人表示不满意。对学校学生管理工作表示满意的学生只有4.4%。在"您认为贵校课堂教学中最欠缺的是什么"的调查中，问卷罗列了课本难度不适中、教学方式刻板、师生沟通欠佳、学到的知识没有实际价值四个选项，每个学生只能勾选其中的一项。在全部问卷中有26%的学生选择了"教学方式刻板"，选择"师生沟通欠佳"的同学占总数的25.2%，选择了"课本难度不适中"的同学占到总数的25.7%，另有23.1%的同学认为"学到的知识没有实际价值"是当前课堂教学最为欠缺的。对于这一问题的回答我们可以看出，选择的分布基本是均衡的，四方面问题存在于职业教育教学当中。"您认为自己目前是在主动地学习吗？"对于这个问题71%的同学选择了"不是"，18%的同学选择了"有时候是"，只有5%的同学认为自己"是在主动学习"，还有6%的同学放弃了回答。

笔者访谈了B学院二年级机床专业一个班级的同学，根据同学的回答，课堂教学方法和内容陈旧，在教学活动中，大部分教师仍以讲解为主，教师向学生灌输知识，学生则处于被动地位，课堂不够活跃，气氛比较沉闷，缺乏生气，活脱脱普通教育课堂的翻版。一位同学C说："老师在课堂上讲的都是理论知识，太枯燥乏味了，平时实践的机会也很少，实习基地只能是去看看，到考试的时候也全是死记硬背的知识，到时背背记记就行了，没有必要听。""这样的学习，我在高中早都受够了。"自我评价"学习不怎么好"的 D 同学说："老师在讲台上照本宣科，下面的学生有的看小说、有的睡觉、有的说话，老师都不管，这能学到什么呀！还说学的东西都过时了，终究会被淘汰，教材也不更新。学不到新知识，所以我也不学了。"

对于教学问题，老师们也有很多话要说。笔者就此问题对职业院校专业课教师进行了访谈。E 教师告诉笔者，要想真正提高职业教育的教学效果，必须有好的实训基地。因为职业教育的特点就是学习和动手要很好地结合，职业院校最忌讳的就是没有实习基地。在这方面，示范性高职院校要比一般的院校好很多，因为国家政策和资金的支持，示范性高职院校的设备在数量上能够保障全体学生的上机操作，一些学校已经能够实现"把课堂建在车间里"的现场教学。在这方面，一般高职院校则显得捉襟见肘。E 老师所在学院是一所一般性的高职校，因此他担心"这样没有质量保障地发展下去，学校有一天可能会被改组或合并掉"。但是，示范性高职院校的老师也有他们的担忧："目前的实训消耗是非常大的，尽管学生的学费收的比普通高校高，但是仍不足以支持这样的学习……目前主要靠国家的支持……希望将来能够把企业拉进来，但是企业的兴趣不足。"此外，所有的职业院校面临的一个共同的问题就是"双师型"师资的不足。

职业院校的学生大多是升学考试的失败者，他们中的很多人曾被老师和家长称为"差生"，可以说，普通教育模式带给了他们不断的挫败感。如今他们进入职业院校学习，如果仍沿用那套使其饱受挫败的教学和评价模式，不仅会影响教学的效果，更是忽视了学生的地位和尊严，将会极大程度地影响学习的积极性。

第二节　不平等的公正

以标准化考试成绩作为考察学习效果的指标，是对职业教育学习者的不公，它沿袭的是普通教育评价模式，不符合职业教育学习者的智能特征。此外由于区域发展差异的存在，各地区职业教育发展水平是不平衡的，职业教育政策虽然力主平等，但当前的平等只是达到了形式上的平等，职业教育内涵和质量与平等的差距还是巨大的。

一　沿袭标准化考试对职业教育学习者智能评价显失公允

仅依靠书面考试对于学生做出全面评价，本身在相当大程度上是不合理的，但是，标准化的考试模式仍然是衡量职业院校学生的学习结果的基本方式，学期结束，大多数课程最终的考察方式还是答一份试卷。对于标准化考试方式，66%的同学认为对这种考核方式"不喜欢，但已经习惯了"，25%的同学认为"无所谓"，因为毕业后"也不一定干这个专业"。对于"试卷方式能否考察出你自己的真实专业水平？"则有83%的同学选择了"不能"。而根据笔者对一所职业院校的就业情况的调查显示，毕业生的就业对口率仅有16.4%，24.5%的毕业生只是相关就业，59.1%的毕业生就业完全不对口。

针对这个问题，笔者访谈了企业的人力资源部门的工作人员和人才市场的工作人员，他们认为，毕业生的动手能力差，不了解工作岗位的实际情况是一个重要的原因。尽管在学校里已经学习了专业课程，但是到工作岗位上还需要重新培训，对于一些文化基础要求不太高的岗位，是否招专业对口的学生就不那么重要了。由此可见，考试化评价方式的弊端之一就是对孩子无辜的伤害，一次次的挫折会带来很多痛苦。应试教育的最大弊端在于，把学校变成考试机器，把学校的课程教学窄化为考试训练，把教师和学生都变成考试分数的奴隶，而考试特别是书面考试形式能够考察的主要是学生书面认识成果，即记忆性知识和书面解题技巧。所以应试教育的课程与教学在很大程度上沦为书本知识的死记硬背和书面解题技能的机械训练。在应试教育的价值取向下，凡是完不成死记硬背和机械训练任务的、考试分数不高的，必定是失败者，也就逃脱不了被淘汰的差生命运。事实上，应试教育所造成的差生往往并不是没有潜力，而是应试教育不合理的教学过程忽视或埋没了他们的智能潜力。

二 "表层公正"背后"实质"公正内涵的缺失

在经济欠发达的地区，尽管国家在以中等职业教育的普及来实现公平，但是这种公平往往停留于"表层公平"而没有达到"实质的公平"。中职校本应作为学习权的保障以减少文盲和提高农村地区素质，但是，现实的情况是不容乐观的。笔者走访了某县城的中等职业学校，根据该校领导的介绍，该地区的中等职业教育已经同很多其他地区一样，实行免费教育且宿费进行减免，只有生活费用由学生自负，生源多为该县农村地区初中毕业生。具体途径是：新生入学要缴纳三年的全部学费，在读完第一学年后返还给家长。这样做的目的就是约束学生来学校学习，减少辍学。尽管如此，学校的辍学率仍然是很高的。根据教务处的数据，2010—2011学年中，该校学生的辍学率达到一半以上，且存在严重的招生难问题。在辍学之后的去向上，由于年龄偏小，大部分辍学生待在家里，少部分去打工，还有很少的部分考虑找个初中重读，争取来年能考上高中。对此问题，笔者走访了该县农村地区几个刚刚初中毕业，没有考上高中的孩子。在他们的口中，中职简称"职业"，并对此明显表现出没有兴趣。"没有考上高中，会读中职吗？""就是在'职业'？我不想读'职业'，啥也学不着，读了还叫人笑话。""不读，我想去打工，一个月能挣2000块钱。""俺妈说浪费钱都是小事，学不着东西，浪费时间，人还懒散了。""跟不上，学不会，那些东西俺中学的时候就学不会才没考上高中的。""背书本俺不行的，老师也说俺不是这个材料，实在不行先回家，毕业时看看能把毕业证要出来不。"

教学成为中职教师头疼的问题。很少有人听课，特别是文化课。几名中职教师表示，究其原因，主要是教学所使用教材的内容与学生知识基础衔接不上，动手和实习课时很有限，教育并不结合中职生的特点。因为实习实训用的设备的购买维护很昂贵，与企业搞联合也需要学校投入人力和财力，说到底，是很需要经济支撑的，特别是县里的职业教育。此外，中职的教学内容主要是两个方面：文化基础课和专业课。文化课主要是将高中阶段的学习内容从难度上"降档"；专业课则是将高职课程"降下来一个难度档次"。这样中职教育就被边缘化了，尽管考试时老师已经尽力，中职还是成为高中和高职的附庸。也有教师认为，必须针对中职学生的特点进行教育，这些孩子已经是学习的失败者，他们反复地在应试教育中遭受到挫折，感受到沮丧，好不容易离开了考试的环境，再要求他们应试化学习就很难了。谈及中职教育质量，一名老教师告诉笔者："我们的目的就是要把学生留在课堂里，而不是放出去社会混，他们打工还太小。留在学校就成功了，多一所中职学校就少一个少管所。"

第三节　不完全的理性

工具理性不是一个陌生话题。它造成了生态危机频发、人际关系物质化与功利化、人的单向度发展等严重问题。只强调经济效益、生产标准化和管理规范化的社会中，因为现代社会不仅按照标准生产各种物质，还按标准生产人，人的幸福感正在减少。这些问题表现在职业教育领域便是以技术理性挤压人本精神，以技术训练统驭人格发展，致使职业教育讲求"实效"，出现"伦理的真空"，技术技能型人才的培养呈现出工具化和片段化的趋势，职业教育本身也沦为经济社会发展的工具，与其应有的伦理价值意义背道而驰。

技术理性对人或社会的奴役，工具理性对教育的侵蚀成为世界各国现代化进程所面临的普遍性问题。作为现代化的后发国家，我国面临振兴中华、赶超发达国家、急切强国的普遍焦虑的民族情绪，加上过于追求功利的教育传统文化作祟，我国教育尤其是职业教育深陷工具理性的困惑，成为引起我国职业教育向善性衰微的根本原因。笔者通过对几所职业院校的调研发现：尊崇技能训练、排斥理论学习、鄙薄人文教育、忽视职业道德等是职业教育实践面临的主要困惑。

一　技术教育对人文教育的挤压

20 世纪 70 年代，世界进入知识社会，技术和知识即财富的观念深入人心，形成科学技术崇拜的世界性思潮。工业化过程中，科学技术由"第一生产力"演变为"意识形态"，技术知识由资本演变为"技术理性"。职业教育在生产掌握科学技术知识的劳动力或人力资本的过程中，技术教育挤压人文教育，技术训练排斥人的教育，使教育过程中师生精神家园空无。职业教育课程改革实践的现状是，热捧能明显产生对社会效益"有用"的知识和技术的教育，淡化或轻视关乎人的发展和人生幸福的人文教育。职业教育领域技术教育和人文教育"热"与"冷"，引发"考证热"和专业课程开发热。对"有市场"的专业进行"快餐式"的技术课程开发并与职业资格证书相衔接，是各级各类职业教育课程改革的追求。与此相对应的是人文教育之"冷"：人文素质课程被边缘化，甚至可以被任意压缩课时。人文课教师在职教教师队伍中更是"没有专业"的人，人文课教师沦为职教教师群体中可有可无的"弱势群体"。

二　技能训练取代工作原理学习

除却重视技术课程和重视考证之外，有的职业教育研究人员告诉笔者，职业教育是"去符号化"的教育方式，应该彻底反对完整知识体系的"书斋式"学习，所以他们学校是以"情境学习"和"在做中学"形成特色，是"另一类型"的教育。事实上很多职业院校都有对这一理念的曲解，因而尽可能地追求放弃理论教学。一位高职院的领导讲："只要有充足的资金支持，我们将不再使用传统教室教学，一律改为实习实训。特别是机械加工类的专业，关键是能够熟练操作、动作规范。""学生能够熟练动手操作就能够提高就业率"这种观点又使职业教育教学走向另一个极端，因为现代技术条件下"技术人员必须能创造性地进行实践活动"是时代要求，现代社会的职业流动加大，更需要人的职业迁移能力、创新精神和实践理性的养成。因此这种教育理念的危险性表现在三方面。一是把人变成"技能容器"。机械重复、简单的操作训练会使教育深陷于技术学范式之中。将人的培养等同于技能训练，职业教育的目标将会被歪曲，丧失人的主体性而指向"肉体可以被驾驭、使用、改造和改善"① 的工具人目标。二是学习者不具备迁移能力。现代社会职业流的迅速要求劳动者从理论上和整体上把握工作过程，理论学习对于掌握实践原理，理解实践过程，形成迁移能力是必需的。因此，在迁移能力的形成过程中，理论与实践教学内容不仅是此消彼长，更应该是辩证统一。三是压抑学生创新精神培养。职业教育旨在培养学习者职业素质，集中表现为用心做事。在此的"心"和"做"反映的是实践理性，它是能够把工作原理与具体工作情境结合起来的智慧。工作原理知识不同于科学原理知识，前者围绕工作组织知识，后者以科学逻辑编排知识。离开工作原理知识学习，技能训练则违背现代职业培训的宗旨。

三　职业道德教育的边缘化

职业道德是人在职业活动中应恪守的规范和职业情操，它表征于从业者个体的德性及其职业实践活动对社会所担负

① ［法］米歇尔·福柯：《规训与惩罚》，刘北成、杨远婴译，生活·读书·新知三联书店 2007 年版，第 154 页。

的道德责任。对于"您认为职业道德在现代社会非常重要吗？"的问题，49%的同学选择了"重要"，32%的同学选择了"非常重要"，12%的同学选择了"不太重要"，4.7%的同学选择了"不清楚"，还有2.3%的同学放弃了选择。由调查结果可见，绝大多数同学都认为职业道德在现代社会是重要的。然而，对于"您对所学专业的专业伦理或者说您未来将从事职业的职业道德有清楚的了解吗？"的问题，只有1%的同学选择了"非常了解"，12.1%的同学选择了"基本了解"，占绝大多数的79.5%的同学都选择了"不太了解"，另外7.4%的同学则选择了"完全不了解"。

同时，通过对部分职业院校专业教师的访谈，笔者了解到，当前学校是对职业伦理相应的行业细分的职业伦理教材，教师在实施职业伦理教育过程中，与专业结合不紧密，教学内容没有具体化且缺乏针对性。只有少数院校能做到在第一学期对每个学生个别辅导，并且允许不喜欢和不合适该专业的学生合理调整专业。这些问题都制约了职业伦理教育开展的深度和广度。

笔者访谈了部分职业院校的人文课、德育课专职教师，据他们反映，目前职业院校专门的德育课已经被边缘化，这种现象集中反映在两方面。一是学校知性德育强化了学生知行脱节。道德作为实践理性包括道德态度和行为，知性德育注重道德知识的记忆，忽视道德情感陶冶和态度养成与改变，导致"知"与"信"分离，"知"与"行"脱节。由于忽视态度形成与改变，学生对于道德信条缺乏认同感，他们只能服从道德规范，而非在其自由意志支配下自由行为，产生强烈逆反心理，消解学校德育实效。二是教育内容脱离实际、脱离生活、脱离学生是最大问题。职业院校的德育课没有联系职业教育实际，只有贴近社会生活，贴近学生，才能收到实效。使用"千篇一律""一刀切"的德育教材无法满足学生渴望获得的职业道德情感体验等需求，相反，却成为异于学生实际内在需要的外在灌输。然而，根据笔者对五家企业人力资源部门的访谈结果，企业用人的首选是"品性好""敬业"的人，事实上无数就业信息的反馈也都证明了这一点，在知识、能力、道德等素质当中，企业最看重的是毕业生的职业道德，[①] 没有形成良好职业道德的毕业生在职业活动中可能经常陷入因道德观念缺失而造成的两难困境，甚至给自己和用人单位都带来损失。此外职教学生绿色生产的意识和能力都普遍薄弱。

对"保护环境是人的品格高尚的体现"的认识完全同意的占了绝大多数，为84.6%，基本同意的占9.9%，保持中立的占2.6%，基本不同意和不同意的分别占1.4%和1.5%。而对于"对于您将从事的职业（专业）可能带来的环境后果，您是否非常了解？"的问题，不完全了解和不知道的同学分别占了70%与15%，还有4.5%的同学选择了了解，没人选择"完全了解"。"您在学校是否学到绿色生产的相关知识？"51%的同学选择了"没有学过"，37%的同学选择是"零散地学到一些"。

根据本研究与责任相关的几个问题的调查结果，对于"严格遵守职业操守是从业者最起码的责任"的问题，有68%的同学认为是"完全符合"，可见大部分同学对于职业道德在心理上是接受的，但仍不能忽视另外32%的同学对此问题的漠视；而对于"我对今后所从事的事业的道德规范很

① 高桥、葛海燕主编：《大学生就业指导》（第2版），清华大学出版社2009年版，第103页。

了解"的问题，则有61%的学生选择了"不确定"，这说明很多同学对今后所从事职业的道德规范还不甚了解，与企业期待的"态度是第一位，招聘新人首选职业道德高尚的人"形成明显反差。当提问"未来有何打算"时，普遍的回答是"准备认真学习专业，目前还没有特别的想法"。这些现象表明，"准职业人"对于专业的认识很有限，对于职业生涯规划很欠缺，专业的选择往往是依据经济指向而带有盲目性，对职业的认识还处于抽象的阶段。事实上，毕业生不但要对将来所从事的事业的职业规范了然于胸，更要形成与之相适应的良好的职业习惯，如果一个人不喜欢所选专业或者不适合就读专业，就很难将职业伦理深入内心。

本章小结

在工业时代，效率和效益的价值构成社会中心价值，在现实利益的刺激引导和传统文化压力的共同作用之下，我国的职业教育活动呈现出诸多问题。知识脱离了工作和生活，学习者并非积极主动和愉悦地选择教育，而是被动地由命运选拔或淘汰，职业教育也丧失了作为独特教育类型的主体地位，沦落为精英教育制度下选拔"人才"的辅助系统，其基本用途变成缓冲正统选拔渠道人数容量的盈亏和涨落。在直接面向各行各业的职业教育中，社会的多样化需求没有受到重视，个体的多样性和差异性被忽视，"行行出状元"的职业理想仍旧被否定了。技术理性的强大使职业教育无法摆脱"填充"和"训练"，人的注意力距离生活和工作现场很遥远，在现实的学习过程失败并非成功之母，评价标准是单向度的，它一直在惩罚失败的学生。① 可以说，现实的职业教育注重的不是人的主体意志，不是情感与理智的相互融渗、化通的整体成长，不是教养或培养一种完整的心灵。

当我们脱离了与职业和生活意义的关联而去形式化地追求知识与技术时，职业教育就在缺乏伦理之善的引导下盲目作为，使我国当前的职业教育实践活动面临着伦理的危机。此外，转型期中国社会的职业"失德"现象屡屡发生也在警醒人们要关注职业道德低迷及背后的成因。令人痛心的是，为社会培养"准职业人"的职业教育并没有对此引起高度重视，反而比普通教育更加高扬技术理性，力求培养出"经济人""理性人""工具人"而并非"道德的人"。现代职业教育忽视了职业道德就是对社会普遍职业失德现象起了推波助澜的作用。

---

① 杨金土：《以人为本的职业教育价值观》，《教育发展研究》2006 年第 1 期。

第五章　现代职业教育伦理的回归

　　教育在其最广泛意义上是指职业生活的社会延续，[①] 它通过不断塑造新的社会群体，使全部经验的延续成为特定社会的客观事实。现代职业教育本质意义上探求的是学习者智慧性经验、卓越职业技能的习得、反思和超越，本质上可以理解为人的生命本质的关怀。回归现代职业教育最本真的伦理精神，这对于纠正职业教育发展价值观的片面功利性和应对职业教育中潜伏的工具理性危机具有重要的现实意义。

第一节　现代职业教育伦理精神回归的价值取向

　　教育是人的主要的精神活动，它是对人的生命存在意义的思考，是人类孜孜不倦追求的人生境界。黑格尔说，"伦理是自由的观念，它是活的善"[②]，伦理关注人的意志在自由状态下，转化为主动承担道德责任的实践理性，表现出人对他人和自然界的合德性行为。现代职业教育实践必然蕴含着

---

　　① ［美］约翰·杜威：《民主主义与教育》，王承绪译，人民教育出版社1990年版，第3页。

　　② ［德］黑格尔：《法哲学原理》，范扬、张企泰译，商务印书馆1979年版，第164页。

活的伦理的理念和精神，这成为现代职业教育存在合理性的精神前提。职业教育的宗旨要求是，使学习者学会做事，它以培养和发展个人的实践理性为主，与现代职业密切相关，职业教育是个体生存方式，现代职业教育的基本价值取向应该是关注人的价值。它决定现代职业教育应该围绕职业，促进个体发展，提升人的生存质量，帮助个体实现自我。现代职业教育在伦理价值取向上体现为关注人作为主体的命运和价值，关心人与生态界和谐共生"真、善、美"境界。

一　培养"主体性"的准职业人

职业人的精神气质、劳动态度和人格类型决定其职业活动的结果，人的"主体性"的培养成为我国社会现代化建设中一个关键性的问题。对人的主体性的重视，是现代哲学中最有力和最持久的一股潮流。"若从主体性哲学发展的大线索上考察，它也是使主体研究从抽象理论走向人们现实生活具体的一条十分重要的途径。"① 从伦理在人类历史中的发展来看，伦理的向前发展越来越反映出人类的解放和个人争取自由与独立的要求；人类的进步，就是一个个主体迈向自由主体的过程，迈向责任主体的过程。"主体性"是时代发展对从业者的伦理诉求，它体现于伦理研究的范畴里，蕴含在职业教育实践活动当中。准职业人"主体性"的建立，是现代职业教育伦理精神回归的重要价值取向。现代职业教育是面向社会职业的教育类型，它致力于培养的是即将走向各个特定职业岗位的准职业人。"准职业人"是个较为宽泛的概念，包括所有作为特定职业服务的主体因素而存在的社会人

① 杨适等：《改革、市场与主体性》，北京师范大学出版社 1995 年版，第667 页。

才储备力量，包括进入专业化学习阶段的学生，也包括即将就业的社会适龄劳动力，按照职业类别可分为工人、农民、知识分子，按地域则可以划分为城市人、乡镇人、农村人等。

从职业教育终身性和全纳性的角度看，这些准职业人都是潜在的职业教育和培训的学习者。职业教育培养准职业人的最终目标是经过择业、就业进入职业领域，成为职业的主体和基本单位。职业教育的责任是将职业教育学习者转化为准职业人，在这个过程中，职业教育依据其将从事职业的需要所生成的社会人进行转化，帮助学习者生成积极、稳定的职业态度以及与形成职业态度相匹配的职业行动能力。把正确的职业观转化为自觉的行为表现，如在行动上表现出有自制力、有创造力、坚定、果断、自信、守纪律等优良意志品质，在复杂的社会环境和激烈的就业竞争中，能够表现出较强的心理承受能力，积极稳健的处世态度，这些是准职业人在求职和就职后顺利完成工作任务、适应工作环境的重要基本素质，它是个人生存和发展的必备条件，也是社会可持续发展的动力源泉。

"准职业人"的"主体性"即指"自己成为行动的主体，不依赖他人自由地作自己的判断、主张和行动"。依据迪尔登的概括，"主体性"具有三个主要特征："独立做出判断；批判性地反思这些批判的倾向；以及依据这些独立的、反思的批判将信念与行为整合起来的倾向。"[①] 准职业人的"主体性"，是一种作为职业主体的独立、自主和批判性反思职业行动的能力，是一种维护社会文明、发展、进步的自主。这种自主性是对依赖性、工具性的一种扬弃，人只有成为自主

---

① 瞿葆奎主编：《教育学文集·智育》，人民教育出版社1993年版，第32页。

的人，才会有主体性。

马克思说，"各个经济时代的区别，不在于生产什么，而在于怎样生产"①，"怎样生产"包括用何手段工具或物质资料进行生产，和从业者的主观精神方面问题，即从业者以何种精神气质、人格特征和劳动态度进行生产活动。不同的精神气质、人格类型、劳动态度，会有完全不同的生产状态与结果。可以说，各行各业的劳动者具有主体性和责任意识是我国现代化发展和市场经济得以确立和运行的最基本的社会前提，社会转型的标志就是主体性价值规范体系与社会精神的建立。新社会建立的前提就是各行各业的从业者具备了独立、自主、自为的新时代的精神气质，否则新社会的出现是完全不可能的。因此，从业者的主体性特征为人的全面自由发展创造了条件。"自由的内涵是极富个体性的"，它是每个人以自己的判断和理性认为最为合适的手段去做任何事情的可能性，自由是全部精神存在的类本质。

马克思在《1857—1858年经济学手稿》中指出，未来的社会是建立在个人全面发展和他们共同的社会生产力成为他们的社会财产这一基础上的自由个性。因此，保护个性自由，促进个性自由，进而促进人的全面发展是主体性人格的重要内容。自由是目的而不是手段，其价值是内在的。每个人具有在实践上根据自己的志趣和性格追求自己的生活理想和按照自己的选择生活的自由，这种自由不仅为人的个性发展提供了广泛的实验和改错机会，也为自己创造自己的个性提供了机会。个性的自由发展是社会福祉的根本条件。主体性使人崇尚主体自由、对价值的自主择定和意志的自由，体现了

① ［德］马克思：《资本论》（第1卷），中共中央马克思恩格斯列宁斯大林著作编译局译，人民出版社1975年版，第204页。

作为主体的人的主体性价值，它是以人的个性自由为保障的，通过对个体的自由和价值追求而实现人的社会价值。

自由虽然不是社会进步的唯一因素，却是社会进步的根本因素和最根本的条件，穆勒把自由精神看作是前进和进步的象征，认为"进步的唯一可靠而永久的源泉还是自由"。自由最为重要的特质是自我实现，就是实现自己的创造潜能，发展和表现个性。一个人个性的发挥和实现程度，取决于他得到的自由程度，自我实现的根本条件是个性的发挥，个性的发挥的根本条件是自由。

主体性人格培养的目标就是要促使个体增强自身主体意识，提高认知能力和价值判断能力，将确立自己的主体性作为自身发展的终极目标，在社会生活和职业生活实践中达到自身价值的自我完善，最终促使个体能够全面自由的发展。因而，个性自由是主体性人格培养的应有之义。

此外，人的全面发展还包括个人能力和社会关系的全面发展。所谓社会关系的全面发展主要表现在个人成为社会的主体，摆脱狭隘性，以更开放的胸襟充分显示自己的聪明才智，扩展自己的社会交往，在与社会和他人的关系中确证自己、实现自己，个体主体性能得以弘扬，得到社会和他人的尊重，从而丰富和发展社会关系，最终达到个人和社会的有机和谐统一。个人与社会的和谐统一使人与人之间的关系发生根本性的变化，由对抗的、压迫的关系变为自由的、平等的关系；社会不再是一种束缚人的盲目力量，而成为一种与人的个性相吻合的自觉力量。每个人只有在社会中通过主体间的平等交往，才能获得满足自己物质和精神需求的条件，获得个性全面发展的条件。这里突出强调了以人为中心的发展，正如联合国的一份宣言中所指出的那样，"发展是人民与社会解放的进程，不能把发展降低为经济增长"。

主体性人格之所以能够促进个人与社会的和谐统一，在于它能够有效地解决个人与社会的冲突。个人与社会的冲突主要有两个方面：一方面，作为个体的人往往强调自己的愿望、动机、要求的特殊性，希望社会和他人能够给予更多的方便和帮助；另一方面，社会往往强调其全面性和普遍适应性，强调个人对社会的服从，忽视个人的特殊要求和个性发展，忽视个人的合理自由。主体性人格最大的特点在于强调个体的主体性，注重个体个性自由，突出个体的主体性价值，能够有效地解决社会因其全面性和普适性对个性的压抑，保证个体自由的发展。主体性人格虽然重视个体的特殊性，但并不意味着对社会统一性的否定，社会的发展是通过人的自由自觉的活动来实现的。现实的个人是社会发展的重要动力，离开现实的个人的发展，社会的发展就是不可理解的和毫无意义的了。人的主体性注重个性自由，推崇个人的全面自由发展的最终目的在于对他人和社会的贡献，在于推动社会的发展和进步，其价值也体现于此。因此说，人的主体性有利于促进个人与社会的和谐统一。

职业教育活动中学习者的主体性，首先表现在他具有独立的自我意识、明确的努力目标和自觉的学习态度，渴望自尊、自立、自强和道德完善；其次，个体还能够把自己看作是教育对象，对学习活动进行自我支配、自我调节和控制，充分发挥自身的潜力，主动认识、学习和接受教育影响，并能进行自我激励、自我评价，实现自我不断完善。主体性的准职业人具有能动性特征，这是由自主性引申而来的。人是一种积极、能动的存在。人有自由自觉的主体意识，这种意识产生了超越自我的内在冲动及追求生存、享受和发展的内驱力，最终促成能动性的生成。也就是说，人们根据自己的价值取向和需要进行对象化的活动，改造客体为主体所用，从而表现出主体的能动性。

要改变现存事物，主体必须发挥自身能动性。主体能动性表现在认识过程中就是认识的能动性，表现在行为取向上就是行为的选择性，表现在实践过程中就是实践的改造性。此外，主体性的准职业人具有责任性特征，在一定的意义上可以说，主体性人格建基于内在的自由，即为理性所控制的自由，它是我们"向某种最高的善归依的自由"。主体性使人崇尚主体自由和对价值的自主择定，勇于自主选择，并具有责任意识和责任能力。它强调自由意志和个人责任、责任和权利的对等。只有当一个人能够如他所期望的那样从一开始就自由地行动时，我们才能对实际上发生的事情追究责任。也就是说，自由意味着责任，责任必须要以自由为前提。

自由是建立在对客观规律的认识和把握的基础之上，并非是脱离自然规律空洞的存在。意志的自由是行为选择的前提和基础，没有意志的自由也就没有理性选择，更不会有正确的认识和行为，最终人的社会责任感也将丧失。经验表明，随着选择自由度的提高，人的责任感也越强。

准职业人的主体性表征于学习者尊严和自主选择权利的确立，必须从两方面抛弃：一是从脱离社会生活实际，特别是脱离学习者工作世界和生活世界的学科知识体系出发，将活生生的职业教育变为空洞的说教和死板的灌输；二是无视人的价值内涵和精神品性，把职业教育变为机械重复的行为训练和消极防范。它们共同漠视了发展中的职业教育学习者作为潜在的或显在的职业教育活动的主体所应有的主体性的尊严。

实际上，我们的职业教育由于过分执着于"社会人"的教化，而忽视或漠视"个体人"和"职业人"的尊严的确立，已经使职业教育缺乏内在的动力和深沉的感召力。具有主体性的准职业人格应该是自我主宰、自我创造、自我规范、自我超越的，它是劳动者建设社会、改造社会的前提条件。人的主体性，对社会而言，强调个人自由；对个人而言，强调个人的责任，它表达的是一种价值理想和在应然的意义上对教育所做的价值追求。准职业人的主体性在关于个体的意义上，将伦理理解为职业教育的基石，突出个体的职业人在社会中的独立、自由、尊严和价值。因此，在了解主体性内涵的基础上，我们认为社会培养"准职业人"教育活动，就是要关注学习者的主体性。在个体行为上，就是要培养准职业人必须拥有自由意志，能按照自己的意愿自主地进行价值判断，独立主宰自己的命运；在职业行动上，要有体现社会和时代价值的善恶标准，勇于表现自我、满足自我需要。每个人都在为社会贡献中实现自我，又在实现自我中为社会做贡献，只有到了这个时候，人的内在主体性才会爆发出来，成为创造自我价值、实现自身本质的发展与完善的动力，人们的主体性意识、职业理想和信念才会普遍建立起来。这样，职业人的发展也真正由"必然王国"进入"自由王国"。

教育的根本问题是培养什么人的问题。教育目标和教育方式始终受到职业的规定与制约。如果偏离合理的人才培养的方向和目标，片面强调职业人的社会性和工具性，这样的教育不仅会是低效和迷乱的，而且很有可能蜕变为实现非人道功利目标的工具。主体性人格教育认为，为社会培养合格的接班人，首先就是要帮助这些准职业人确立起个人的尊严，使他们具有自主选择、理性创新的能力。准职业人的主体性人格所表达的是一种价值理想和在应然意义上对理想人格所做的价值追求，因此，在何种程度上满足主体需要所能达到的最高理想和最大可能，是主体性人格培养过程中需要重点解决的问题。它对中国的社会发展、中国的人格教育，特别是职业教育理论和实践改革具有重要导向意义。

总之，培养"主体性"的准职业人，已成为现代职业教育伦理精神回归的重要途径，它也是现时代社会生活对职业教育的召唤，代表着社会转型对从业者人格教育工作提出的新的任务和要求。培养准职业人的"主体性"应为树立学习者在教育中的主体地位创造条件，使其成为认知的主体、创新的主体、自由和责任的主体，这是学校为社会输送合格的"准职业人"的前提条件，也是现代职业教育创新和改革的价值取向。

二 传承与创新"绿色"职业文化

"绿色"职业文化是社会文明的标志，突出后工业时代的生态伦理观，它蕴含着后工业化时代人类发展工业对劳动者、人类子孙后代、生物界以及整个自然界"善"的诉求。后工业时代将人类置身于"技术爆炸"的境遇。由于人们职业文化理念的时空倒置，公众的思想观念仍停留于工业化或前工业化时代，致使后工业化时代的"灰色"职业文化成为人们生活生产方式的桎梏，工业化引导现代化进程中的各国屡屡陷入生产规模扩张与环境污染并行、GDP 总量不断增大与环境治理并存的怪圈。"灰色"职业文化使人类作茧自缚，成为破坏自己生存环境的元凶。"绿色"职业文化代表先进职业文化的发展要求和趋势。《持续发展与产业生态学白皮书》以生态文化为导向，呼吁建设绿色、循环、低碳、可持续发展的经济，改变高污染的"灰色"工业生产方式，发展新型的"绿色"工业。教育是引导社会文明的"灯塔"，现代职业教育承担着传承与创新"绿色"职业文化的使命，它通过准职业人对"绿色"文化的认同和践行将"绿色"职业文化带入生产实践当中。

"绿色"职业文化是后工业化时代的新观念，要求职业教育回应后工业时代人类关于工业发展对人类个体、社会和自然界伦理的诉求，孕育出新型职业文化。"绿色"职业文化是一种社会现象，它产生于后工业时代对传统"灰色"职业活动的批判；同时，"绿色"职业文化又是一种历史现象，是继承优良、摒弃恶劣，对现代职业文化发展历程否定之否定的结果。"绿色"职业文化突出后工业时代的生态伦理观，它蕴含着后工业化时代人类发展工业对劳动者、人类子孙后代、生物界以及整个自然界的伦理诉求。环境问题多由全球工业大发展以来的人类职业活动产生，生态正义呼唤一种"绿色"的职业文化，以重新规范和协调人类职业活动与生态环境之间的关系。

"绿色"生产、"绿色"消费是全球理念，我国正处于工业化中期偏后的发展阶段，我国的"十二五"战略发展规划强调了绿色生产的重要性并将其作为重要建设项目纳入其中。为社会培养准职业人的现代职业教育负有传承与创新"绿色"职业文化的使命，承担着传播"绿色"职业文化理念，将"绿色"职业文化扎根于每位劳动者的心灵的责任。职业教育培养的准职业人是职业文化的直接践行者，他们将"绿色"职业文化带入到生产活动当中。教育是引导社会文明的"灯塔"，承担"绿色"职业文化的使命；教育又是传承社会文明的基本载体，"绿色"职业文化是后工业化时代的新观念，要求职业教育回应后工业时代人类关于工业发展对人类个体、社会和自然界伦理的诉求，孕育出新型职业文化。职业教育通过培养认同"绿色"职业文化的管理和生产一线的管理人员和技术工作者，通过他们把"绿色"职业文化融入生产过程。如何把先进的职业文化理念渗透到整个职业教育，融入职院校园，使先进理念扎根于每一位劳动者的心灵，是在新的形势下职业教育理论工作者必须思考的问题。

"绿色"职业文化以生态整体和敬畏环境的价值观念、行为准则以及相应的制度和组织来支配和指导人类职业实践活动，要求人类以理性态度看待财富，在确保经济社会乃至整个生物圈可持续发展的基础上进行生产并追求人类福祉。其主要理念包括：倡导节俭文明的生产、生活方式，感恩并热爱大自然；强调提高资源利用率，开发可再生能源，积极采用生态兼容技术；控制有害化学物质进入生物圈，谋求经济发展和环境保护的双赢。其蕴含的价值意义主要有两方面：一方面，彰显职业活动的公共道德责任；另一方面，表示对职业人个体的终极关怀。

"绿色"职业文化彰显道德经济，倡导发展经济要受生态伦理约束，遵守敬畏地球家园的伦理原则，承担维持工业生态系统平衡的生态责任，这是保证绿色生产得以实施的基本道德推动力。工业生产如果放弃其道德责任，必然会为经济的增长付出高昂代价：以生存环境的日益恶化换取物质欲望的满足。传统工业资源配置中"公地的悲剧"和"搭便车现象"，以及内部的经济与外部的不经济现象的普遍存在都证实了承担生产的道德责任也是一个囚徒困境。由此，"绿色"职业文化昭示人们从整个生物圈的角度看待生产实践，以非常谨慎的态度看待生态阈值并警惕地球参数的变化，采取外部不经济内部化的措施，规避"边生产边治理，同时为医疗付出更大代价"的现代化怪圈。另外，如果说"绿色"职业文化主张维持工业生态系统平衡，彰显工业生产的道德责任，体现了人类发展生产的社会责任，那么"绿色"职业文化主张对个体的终极关怀源自对于发展经济的最终目的的追问，它反映出人类发展工业的终极价值追求，聚焦于个体人生的幸福与否。毋庸置疑，人生于斯、长于斯，最后归于斯的自然就是人类的终极依托。①

人正是因为对自然的探索，对知识和真理的追求，才获得了生命的尊严；也正是因为对责任的承担、对内心道德律令的践行，才获得了巨大的道义力量。承担对自然生态系统的责任与对人类个体的终极关怀一致决定了维护地球生态系统的稳定、和谐与美丽，对于人类自身有利，是发展经济对于个体的终极关怀的责任所在，是人类敬畏生命、尊重自然和保护生态环境应有之义。

文化功能是教育的首要功能，作为与工业生产结合最为紧密的教育形式，职业教育在传承与创新"绿色"职业文化方面具有其独特的品性。拉塞克认为教育是跟随人类思想和行动潮流的，其作用在于更新人的价值观念，他在为联合国教科文组织撰写的报告中指出："教育的作用在于满足社会正义、个人的和谐发展，而更有希望解决世界的重大问题，培养新一代人适应明天世界的要求。"② 职业院校是我国高等教育体系中理论集聚、实践操作、人才培养三位一体的机构

① 魏波：《环境危机与文化重建》，北京大学出版社2007年版，第127页。

② ［美］S. 拉塞克、G. 维迪努：《从现在到2000年教育内容发展的全球展望》，马胜利译，教育科学出版社1996年版，第103页。

和场所，数量上已占据我国高等教育领域的大半壁江山。在新型工业化的潮流中，职业院校对"绿色"职业文化的广泛传播和身体力行，对引导整个工业迈向可持续发展的未来具有举足轻重的作用。教育所散发出的文化特质必定是以体现先进性为主流的文化。

党的十六大报告确立了到 2020 年基本实现工业化的目标，在对世界"绿色"职业文化潮流的回应和对我国工业化进程中的经验和教训总结的基础上，提出"走出一条科技含量高、经济效益好、资源消耗低、环境污染少、人力资源优势得到充分发挥的新型工业化路子"，并正式将"环境生态意识与行为规范""人与自然和谐相处"规范为新型职业文化的重要标准。职业教育有责任、有义务贯彻中央政策弘扬社会主体精神，传承、传播优秀的职业文化，调动校园内外的一切文化要素培养有思想、有超前时代意识和掌握先进文化的"职业人"。

作为与工业生产结合最为紧密的教育形式，职业院校在传播和推广绿色职业文化方面，显出其独特的品性：作为教育体系的组成部分，职业院校的文化使命主要包括提升人性、教化社会，进而泽被人类，达到人格之养成、科技之发展、文化之进步的目的；作为职业教育特有的功能，工学结合、面向社会提供的培训服务和丰富的社会实践决定了职业院校文化的多种思维的撞击，为职业院校在发挥推进、引领社会文化的发展方面提供了重要的基础和可能。

职业院校的文化传播功能集中表现在文化积淀（传统）、文化传递和文化的再创造三个有机过程。文化积淀即对优秀文化传统的保存，而文化传递是使这种被保存的文化变成"新的文化财富"，通过文化传播汇入所有职业教育学习者的生命之中，从而在实践过程中再创造新文化。在这个意义上说，职业院校在教学过程、实践活动中，创造出的先进的环保生产技术知识、环保生产行为准则、生态价值取向、环境道德规范等，通过教学、实习、培训、服务等活动都会逐渐地扩展和传播到社会领域，在一定程度上成为社会成员所效仿和遵守的规范标准，成为社会行为的重要风向标。

职业院校学生是"绿色"职业文化理念的践行者。人是精神性动物，观念决定其行动。绝大多数职院毕业生都将成为生产、服务和管理的第一线人才，他们在母校形成的素质和观念将被直接带到工作岗位上，体现于职业行为中。对于合格公民、合格劳动者的意识与行为，党的十八大报告空前重视生态文明建设，明确指出"建设生态文明是关系人民福祉、关乎民族未来的长远大计"①，这为职业教育人才培养指明了方向："绿色"工业理念构成了未来从业者职业伦理和职业素质的重要组成部分。而处理好工业生产与生态平衡的关系，又是所有政府和企业组织必须面对的问题。

在一些发达国家，绿色工业已经开始付诸实施。美国全国物质循环利用联合会公布，全美共有 5.6 万家企业涉及绿色经济行业，为美国人提供了 110 万个就业岗位，每年为员工支付的薪水总额达 370 亿美元。② 而日本企业需提交环境报告书，公开企业的环境管理状况以提高企业"绿色形象"。产业要发展、社会要进步，就需要大批重视环境、懂环境、能治理环境的人才，因而政府和企业也更关注未来人才的环

---

① 《十八大报告学习辅导百问》，学习出版社、党建读物出版社 2012 年版，第 58 页。

② 中关村国际环保产业促进中心编：《循环经济：国际趋势与中国实践》，人民出版社 2005 年版，第 212 页。

境素质，即环境意识、环境知识和运用环境知识来处理环境问题的技能，从客观上要求这些"准企业人"必须具有绿色生产观念和处理环境问题的能力。

"绿色"职业文化教育蕴含着巨大的经济和社会价值。从教育经济学的角度来看，"绿色"职业文化在职业教育中的开展是支出与收益比最高的，工作在一线的技术工人都具有积极的环境参与意识和正确的环境知识与环境技能，整个民族的文化素质也就提高了。据有关资料分析，工业企业中造成严重后果的环境污染事件里，由职业道德问题带来的企业经营成本增加，许多是因为技术工人环境责任感不强、违反操作规程、工艺操作不当造成的。[1] 相反，如果拥有大批具有绿色生产理念的人才，就可以通过节能、回收废物、防止污染扩散等手段间接地提高经济效益，这对企业乃至整个社会是一种潜在的投资。可见，技术工人的环境态度、生态责任感对控制和改善污染及防止严重危害事件的产生有重要影响。由此提出教育，尤其是专业技术人员培养的问题，是"绿色"职业文化推广的战略性问题。

职业教育学习者在校期间不但应学习未来职业需要的知识技术，更应认识到职业对环境和人有可能造成哪些影响，换言之，认识人类生产活动对环境的意义和可持续发展的重要性，从而在未来工作中形成保护环境的良好行为习惯和美德。比如，旅游专业的学生与环境接触频率较高，在旅游活动的组织和旅游项目的开发和管理上，都将成为现代旅游业的主力军，他们的生态环境意识和工作中对绿色生态理念的宣传将引导公众的环境行为和行业的可持续发展。职业院校

---

[1] 尹世香：《职业技术学院环境教育的初步研究》，硕士学位论文，云南师范大学，2007年。

的学生更需要了解自己即将从事的职业对生态和个人健康安全的负面影响并掌握减小这种负面影响所需的知识和技能，特别是所学专业涉及污染物排放的学生，比如化工、矿物、造纸、制药等专业，在顶岗实习和未来工作岗位中必须处理生产过程、工程开发、矿业开采、能源利用等诸多的具体工作，如果这些学生思想里没有和谐与可持续发展意识，行为上不懂得如何正确地运用促进环境和谐发展的知识和技术，那么，当他们承担起社会责任后，就很可能会对生态环境造成巨大的影响和危害。

因此，高职院校的教育应该使学生在走出校门前就具备环境知识、环境道德观念，形成绿色生产观念和处理环境问题的能力，使他们成为真正合格的公民。中国的和平崛起，同时也应该是"绿色"崛起，要走出一条符合中国国情的新型工业化道路，前提是培养出大批具有生态素质的应用型人才。现代职业教育应体现传承与创新"绿色"的职业文化的价值取向，培养职业教育学习者知行合一的良好生态行为习惯。让绿色生产理念内化为品质、外化为行为才能使"准职业人"毕业后自觉投身到绿色工业建设之中，让全部新时代的从业者"诗意地"栖息在这个时代，这是现代职业教育的价值选择。

第二节 现代职业教育伦理精神 回归的实践应对

在对职业教育伦理精神回归的价值导向探讨之后，接下来就是对职业教育实践活动的各个环节进行具体的分析。教育实践是发生在教育者和学习者之间的活动，笔者在六个层面上进行分析，包括：职业教育目的层面、职业教育政策层面、职业教育实施层面、职业教育文化层面、职业教育关系层面、职业教育评价层面。

一 职业教育目的的企盼：超越狭隘的功利与工具观，关注人的幸福

人的生活必须充满意义，这是教育的目的，教育的课题就是引导与帮助学生在生活中发现人生意义与追求幸福，这被看成是有意义的行为。教育目的是对教育所培养的人的质量规格的预期，它是教育活动的出发点和归宿，体现社会核心价值观对教育所要培养人才质量规格的价值判断。

西方语言中的"教育"一词源于古拉丁语"Educare"（英文"education"、法文"L'éducation"、德文"erziehung"），在汉语词典中是"训练""施以有计划影响的活动"，本义为引出或导出，"使朝着……方向生长"[①]。教育的概念蕴含着由外在引导主体的一种方向：人的更理想、更圆满的生存状态即人类理想境界中的生存状态。幸福是人与生俱来的权利，职业教育所要培养的"准职业人"不仅是支持经济社会发展的"人力资源"，而且他们首先是鲜活生命的个体，其本身就是职业教育的目的。从现代职业教育目的对人的工具价值、实用技能的强调中可以看出非常明显的工具化与功利化倾向：职业教育的目的是为经济社会发展服务，"为国家培养有用的人才"，"有用"即为有"一技之长"，培养经济社会发展所需要的实用型人才。

尽管工具化有其合理性，职业教育只有发挥了这种工具

---

① 《辞海》，上海辞书出版社1980年版，第1469页。

价值才能在特定社会存在下去。但是，工具价值毕竟只是外在价值，不是职业教育的根本价值。杜威认为，"从外面强加给教育活动的目的不能启发一个更自由、更平衡的活动，反而阻碍活动的进行，使教师和学生都变成机械的、奴隶性的工作"①。职业教育的根本价值是人本价值。如果本末倒置抛弃了人本价值，职业教育将是使"人之为物"的教育，将使人的"生命价值隶属于有用价值"②从而使"人成为一个个可以换置的螺丝钉，人变成抽象化的单位"③。

现代职业教育只有超越工具与功利化的狭隘目的，才能够回归其伦理的本性。现代职业教育不仅要将学习者训练成技能型之才，更要将他们培养成幸福之人。只有激发了人的自主性和创造性，各行各业的职业人才能寻觅到自身在工业化进程中迷失的价值意义，才能运用所学知识技能自觉、有效地服务于他人和整个社会。职业教育目的的伦理转向关系到个体自身和人类社会整体的幸福，即边沁所说的"最大多数人的最大幸福"。

费尔巴哈主张，追求幸福是生物最原始的活动，"一切有生命和爱的动物，一切生存着和希望生存的生物之最根本的和最原始的活动就是对幸福的追求"④。人类发展史，"就是这样一部对幸福的追求史，就是一部通过对幸福追求而不断探究人的存在意义的历史……幸福思想的发展史从一个特定

---

① ［美］约翰·杜威：《民主主义与教育》，王承绪译，人民教育出版社1990年版，第117页。

② ［德］舍勒：《舍勒选集》，刘小枫选编，上海三联书店1999年版，第512页。

③ 金耀基：《从传统到现代》，法律出版社2010年版，第185页。

④ ［德］路德维希·费尔巴哈：《费尔巴哈哲学著作选集》，荣震华、李金山译，商务印书馆1984年版，第543页。

侧面反映了人类自身的文明进化历程，揭示了人类自我批判、自我提升、趋向圆满的求索历程"①。

幸福是人从物质生活和精神生活中获得的满足，它具有三方面基本特质：第一，幸福具有主客观一致性，人的物质生活和精神生活构成幸福的客观基础，物质生活和精神生活的主观满足感是幸福感的体现；第二，幸福具有个体性差异，幸福感属于个体心理感受，它与个体需要状况密切相关，是人"对自身状况的满意"，个体是否获得幸福感，有赖于个体需求层次和幸福体悟能力；第三，幸福具有道德性，幸福感属于实践理性，具有感性直观的特征，它不需要人和媒介和符号，个体在心里能切实地体悟到，完全是个体自由意志的表达，以不妨碍他人利益为前提，所有的幸福都应该合乎德性即道德性。亚里士多德认为"幸福就是合乎德性地实现活动"②，在使自己幸福的同时，又使别人得到同样的幸福，所有阻碍他人幸福的满足感都不是真正的幸福。

现代职业教育作为人的生存方式，与人的幸福具有"血亲关系"。一方面，职业教育是社会文化、价值再生产的工具，它使社会成员产生价值共识，再生产出"现实的社会结构"，在现代社会，教育成为"现代社会结构中的中央环节"③。职业教育成为个体职业定位及其分层的基本途径，个人所谋求的职业主要由他所受的教育决定，个体习得的谋生基本技能和认同的职业价值观决定其职位、收入与社会阶层

① 高兆明：《幸福论》，中国青年出版社 2001 年版，第 169 页。

② ［古希腊］亚里士多德：《尼各马科伦理学》，苗力田译，中国社会科学出版社 1999 年版，第 203 页。

③ 展立新：《西方高等教育理论一次深刻的社会学总结——评 T. 帕森斯和 G. M. 普莱特的〈美国综合性大学〉》，《北京大学教育评论》2008 年第 4 期。

地位。个体的职业满足感或幸福感在很大程度上取决于其认同的职业价值观念。另一方面，职业教育也是追求理想的事业，它是使人高尚的精神活动，充盈人性，提升个体理想，促进个体为实现理想而努力，提升自己的生存境界，帮助个体实现自我。职业教育是专业定向性教育，职业认同感教育是专业教育的重要内容，它使学习者意识到职业的价值，尤其是对于个体实现自我价值的重要性。

对于学习者来说，职业教育的价值不在于使学习者只找到一份工作，他们想要的是一个职业，一个终身的职业，一个他们热爱的职业。如果学习者能拥有一份"职业"，他的价值就会体现出来，而被认为是一个重要人物；如果他只有一份"工作"，就不会被认为是一个重要人物。职业意味着对社会的责任和为自己发展提供的平台，直接关系到个人是否有幸福感。从这个意义上看，确立现代职业教育目的、追求个体幸福是应有之义，现代职业教育目的应着眼于使人幸福的职业准备。

二 职业教育政策层面：追求政策的公正性与完整理性

职业教育政策是党和国家为实现职业教育发展、解决职业教育问题而"采取的规范和引导职业教育相关机构及个人的行为准则和行动指南"[①]，它整合职业教育各方相关者利益以求得职业教育整体利益的有效提高和公平配置。与教育政策相比，职业教育政策的利益相关者更多，各利益主体之间关系也更为复杂，表现出多样性、层次性、整体性和合法性

---

① 刘爱青：《对职业教育政策的界定和划分》，《职业技术教育》2005年第13期。

等特征。伦理作为一种实践理性，它对人的公共行为起着规范、影响、制约和塑造的作用。职业教育政策必须建基于伦理的基础之上。职业教育政策的伦理基础就是保障政策制定、实施过程中的公正性和完整理性，使得利益各方实现良性的和谐与共生。职业教育是面向人人的教育，人们不能置身于职业教育政策之外，职业教育政策的伦理关涉着公众对职业教育的选择。职业教育政策无法逃避价值的选择与追问，对职业教育政策的伦理反思体现"价值判断"的性质和"应该"的指向。对职业教育政策进行伦理追问，有助于消解职业教育面临理论上繁荣与现实中萧索的发展悖论。

追求职业教育政策的公正性与完整理性，首先就是要研究职业教育政策如何符合人道、公正与理性等价值观，这关系到职业教育政策合理的实质性问题。其次就要反思，我国的职业教育政策长久以来一直关注的是否符合经济发展规律。我们总在关注职业教育规模的扩张，强调的是工具理性，对于职业教育中人的本体价值、职业教育如何实现的内涵式发展则关注得较少。依据罗尔斯的双重正义理论，我国的职业教育政策公正应体现于形式的公正和程序的公正。职业教育政策形式公正是指坚持程序正义和逻辑一致性，它是对"只讲结果，不讲规则"的信念的一个冲击，而坚持程序公正则是实现职业教育政策公正的基本保证。政策问题总是实践性的问题，而不是理论性的问题，只有通过实践合理性，将形式合理性与实质合理性有机结合起来，职业教育政策的合理性才能最终得以实现。

事实上，我国职业教育政策的制定更多地关注职业教育为国家发展和经济建设服务的功能，更多地注重数量化的结果和高效的过程，经常以部分社会成员的教育利益牺牲为代价来优先满足另一部分社会成员的需求。纯粹公正似乎只是理想，是可望而不可即的事情。职业教育是一种"高成本教育"，正在实施当前职业教育政策的示范性高职院校建设，被看作是提高职业教育质量的重要举措，取得了很大进展的同时也带来了突出的两极分化：国家仅对少数示范校加大投入，而更多的高职院校办学经费捉襟见肘，教育设备短缺，甚至相当一部分中、高职院校连基本的办学条件都得不到保证。与此同时，国家曾实行的"三不一高"政策加深了非示范性高职院校的"二流教育"的形象。尽管 2000 年后教育部取消了"三不"政策，但"一高"及其负面影响仍在。事实上掌握职业教育政策话语权的是政府部门，作为与职业教育密切相关的行会等其他社会群体是被排除在决策权力之外的。但恰恰是这些组织能够有效参与，才是体现职业教育办学特色、维持"高成本"消耗的条件。反之，缺失这些组织的参与，职业教育也就失去了与劳动市场的深度、紧密的联系。职业教育又如何走出封闭式的办学模式呢？

我国的职业教育政策理论基础经历了发展经济学、人力资本学说和新古典主义经济学的发展历程，目前直接以市场需求为理论基础。职业教育政策重点考虑的是国家经济，执着追求的是职业教育规模，而很少关注职业教育作为社会文化的价值、学习者个体的利益，忽视的是职业教育的内涵式发展方向。在功利、工具理性为主导的现代性价值世界中，职业教育政策始终处于一种工具理性支配之下。以追求"效率""利益"等的名义，安排了种种无孔不入的现代性的监禁、控制、操纵、诱惑等"规训"技术，丢失的是本真的整体性、长远性和公共性的价值意义，沦为单向度意义的满足特定集团、阶层和阶级功利目的的手段和工具价值。

职业教育政策必须面对科技迅猛发展、经济全球化和职业组织方式的时代特征，必须要考虑其作为一类教育类型的完整价值，以应对时代变革带来的不确定性。因此，考量职业教育政策要同时关注其作为"职业"和"教育本性"的两个维度，目前的考量"职业"多于"教育本性"，缺失的是职业教育政策以伦理考量其自身所蕴含的规律性的衡量。对于职业教育共同体来说，教育政策能否体现公正和完整理性是其能否保持良性存在和有序发展的最基本的标准。在教育政策的设计和实施中应竭力融入公正与完整理性以及仁爱、道义的伦理精神，创设良好的职业教育政策环境，无疑将会鼓励职业教育相关者彼此协作、互助互利并更易于确立合理的价值系统。任何一项政策是否有存在和发展的空间，将越来越取决于其伦理价值的大小，正义绝非社会高度发展的奢侈品，而是所有人类社会、所有发展时期的必需品，它是任何"社会制度的首要价值"。

三 职业教育实施层面：职业教育课程要体现职业认同、职业效能和职业情境体验

课程是实现职业教育伦理诉求的具体途径。职业认同、职业效能和职业情境体验是现代职业教育课程应把握的三个方面。在对职业活动效能的理解和职业活动的情景体验的同时，彰显对职业的文化价值认同，使职业教育培养的"准职业人"能够在职业学习的过程中体会到幸福感，这对实现现代职业教育的伦理诉求具有关键意义。

第一，职业的文化价值认同是确立现代职业教育课程目标的前提条件。一种具体的职业必然植根和发展于特定的职业文化环境，并不断完善其职业文化和建构职业符号象征系

统。职业文化是人们在长期职业活动中逐步形成的价值观念、思维方式、行为规范以及相应的习惯、气质、礼仪与风气。它的核心内容是对职业使命、职业荣誉感、职业心理、职业规范以及职业礼仪的自觉体认和自愿遵从。[①] 在职业教育体系当中，课程是实现所有教育目的的中介，课程目标规定着"学生学习所要达到的结果"[②]，是职业教育课程实施的"指南针"和"方向盘"。课程目标的定位是"准职业人"在今后的职业生涯发展中为社会作出贡献、获取个人职业幸福感的关键所在。将职业的文化价值认同作为课程目标的前提条件，是现代职业教育为社会各个职业岗位输送德才兼备、人格健全、具备良好的职业品质和社会适应能力的人才的前提条件，也是解决现实教育中毕业生就业竞争力不够、职业岗位适应能力差、职业忠诚度不高和职业荣誉感不强等问题的良药。可以说，职业文化是现代人的社会生活得以进行的舞台，也是现代人精神的栖身之所。职业教育的根本使命是使学生理解自己将来所从事的职业对社会的重大意义，认同职业文化进而树立职业自豪感和职业道德感，激发其工作的主动性和创造性。当每一个人在工作世界中都认识到自己是独一无二的存在，才能形成一套不同于他人的独特的创造性的工作方式。

第二，对职业活动效能的理解和信念是现代职业教育课程的核心。效能意味着在达到预期效益的过程中减少或消除时间、精力、金钱和生命的浪费。职业活动效能是从业者对

---

① 王文兵、王维国：《论中国现代职业文化建设》，《中共长春市委党校学报》2004 年第 4 期。

② 廖哲勋、田慧生主编：《课程新论》，教育科学出版社 2003 年版，第 98 页。

于自身某种职业行为能力进行判断和评估，产生"用有效的能力去工作和为健康、活跃的生活服务"的信念。它是一种主体性因素，渗透到人类职业活动中，并且可以通过学习来激活和加强。职业主义认为，教育"成功地调整到与当前社会及经济发展相适应。并且如果能让学习者在需要的时候有效地应用所学到的知识技能"[①]，那么它就是有效能的。现代职业教育课程运用自我效能理论来解释人的职业行为，在尊重人、发挥人的潜力的前提条件下，干预和改变人的行为选择。现代职业教育脱胎于大工业生产的效率理念，其课程目标的一个最核心的要素就是职业的活动效能，它包括两个层面的含义：一是关于职业行为过程的效能，如职业定位、职业决策、实现行为目标能力的信念；二是关于职业内容的效能，该职业所需教育程度等能力的信念。课程是师生共同参与的意义生成与价值创造过程，[②] 一个合理的课程目标定位有可能挖掘出每一位学习者的全部潜力。

以职业活动效能为核心的课程目标的实施应注意两个关键因素。一方面，树立学习者的自信。消除学习者在应试教育失败中留下的心理阴影，提供正面榜样和积极示范，使其产生成功体验。信心是形成自身职业行为能力效能感最重要的来源。另一方面，激发主体学习动机。罗素认为："人创造幸福的基本要素是冲动和愿望。发展创造性冲动，就会给人们带来幸福，共同享有合作带来的利益。"[③] 自由理性要求

---

① ［美］菲利普·戈农（Philipp Gonon）：《美国工业教育的"效益"和"职业主义"原则》，饶薇译，《国外职业教育》2009 年第 3 期。

② 张华：《经验课程论》，上海教育出版社 2000 年版，第 169 页。

③ ［英］伯特兰·罗素：《伦理学与政治学中的人类社会》，肖巍译，河北教育出版社 2003 年版，第 4 页。

从"给教育自由规约种种限度"到"通过最少的制度规约限度给教育主体最大的自由"，以保持人对教育生活世界的一种天真的开放、好奇、探求精神。

第三，职业活动情境体验是现代职业教育课程的实施关键。情境"意味着在特殊性和普遍性的许多层面上，一个特定的社会实践与活动系统中社会过程的其他方面是具有多重的交互联系"①。职业教育强调情境化学习模式，即把教育者和学习者放在仿真的职业情境中，通过教育主体、教育客体和环境的互动关系来增强教育的效果。如杜威所说："充分利用工业的各种因素，经过教育改造后引入到教育中来，会使学校生活更有生气，更富于现实意义，与校外经验有更密切的联系；并且通过作业进行的教育所结合进去的有利学习因素比任何其他方法都要多，因而有利于改革传统教育。"②

职业活动情境体验的课程包括三方面特征。

第一，在具体情境下的实践学习中，职业是连接知识技能的学习主体的桥梁。

第二，情境体验中，个人感知到自我的存在价值、自我的理智力量、意志的独立与自由。

第三，情境体验是一个由"学习者共同体"所共同创造的氛围，学习者个体的"自我"是一种关系的存在。个体与社会之间、个体与自然之间呈现出的是内在的而非工具的、有机的而非机械的联系。职业活动情境体验否定了迫使学习者成为被动的角色的课程模式，因为被动的课程方式无法提

---

① ［美］戴维·H. 乔纳森等编：《学习环境的理论基础》，郑太年、任友群译，华东师范大学出版社 2002 年版，第 55 页。

② ［美］约翰·杜威：《民主主义与教育》，王承绪译，人民教育出版社 1990 年版，第 326 页。

供问题的解决方案和使学生进行独立学习。情境体验式学习解放了学生的手和脑，开发了非理性智力因素，有利于隐性知识的学习，使职业教育脱离以学科内容为特征的传统教育，成为独具特色的"另一类型教育"。

四 职业教育关系层面：建立"主体间性"的师生关系

教育者与学习者是职业教育教学活动中最能动、活跃和积极的基本教学要素。在教育学研究中，一直存在着"教师中心论"和"学生中心论"两种对立观点，事实上，谁应为教育活动的中心并不是非此即彼的关系。现代职业教育是"双主体"的，它将学习者视为一个个有多种发展可能性的差异个体，追求每个人的发展以及人与他人、与环境的共同发展。

每一个学习者都是在具体职业情境中主动学习的，处于学习的主体地位。教育者也是职业学习的主导者，其运用真实或仿真的教育环境如电教器材、实训车间、知识能力、试验设备等对学习者进行示范和指导。教育者根据学习者的接受情况不断创设教育情境、把握学习者的情绪、调整教育内容和教学节奏。

在此过程中，教育者的技能经验和德性水平是其有效主导职业教育教学的关键。"文化程度、政治经验、在尊重学生基础上与学生交往以及社会道德和精神方面的特征——要激励教师向着这些方面努力，出于一种为学生、为自己和为社会成员建设一种更好的生活的积极渴望。它们在很大程度上，必然是'自然而然'发生的。但是只有在学校和社会的改革使得它们成为人类力所能及的、确实成为公认的日常生活的一部分条件下，它们才能成为我们能对教师抱有的期望。"①

也有专家认为教学活动中的教师与学生是"复合主体"的关系，指出在复合主体的内部又呈现出互为主客体和条件的复杂关系。"教师主导"与"学生主体"是指在教育教学过程中，教师与学生根据教学的目标、任务、内容、方法、环境等因素，在不同方面、不同角度显现出来的地位和作用。普通教育中，由于教师"闻道在先""术有专攻"，知识传承压倒一切，所以他必须居于决定性的、支配性的地位；在职业能力和就业技能训练为主的教学活动中，教师传授、引导学生掌握的知识是"实践知识"，即必须经过一个人亲身体验，深深地打上了个体烙印的知识，训练、磨合的能力是职业技能、满足岗位（群）需要的技能，所以教师与学生是平等对话、切磋琢磨、教学相长的关系。

就主体的地位和作用而言，只有教育者和学习者同时成为职业教育的主体，才能使全部职业教育活动的出发点和归宿点指向人的价值，才能使学习者在过程中的主动性和积极性得到充分发挥。教育所引导的"意义"并不是凭空产生的，也不是抽象的原则，它必须为学生所共同理解和共同接受。它所进行的意义引导并不能把意义灌输给学生：一方面，灌输并不能为学生所接纳，因为意义引导意味着引导学生主动地追求生活的意义，灌输并不能引起追求；另一方面，教育所把握的生活的意义毕竟是一般性的，并没有与每个个体的生活经验和生活境遇关联起来，还必须通过学生本人的理解把教育的意义引导与自己的具体生活经验联系起来，从而

---

① ［美］克里夫·贝克：《优化学校教育——一种价值的观点》，戚万学等译，华东师范大学出版社 2003 年版，第 54 页。

形成其所追求的生活意义。每个人都是从自己的生活经验，从自己与世界的关系，从自己对未来的想象，从自己的生活境遇中去把握意义。

根据哈贝马斯的哲学观点，主体间性可以作为建构现代职业教育主体间关系的理论基础。它包括主体间在认知、情感、价值、意义、语言、交往、实践等方面的理解性、共同性、交互性和平等性等。职业教育扎根于人类生产活动的共同经验，并且使它与职业教育学习者个体的生活发生关联，使个体积累和更新自己的职业经验。人类共同经验中包含着人类历史上关于工作、关于世界和人类自身的种种理解，蕴含着丰富的教育意义。个体在教育中通过理解这些经验，从而理解自身作为社会一员与社会、与职业的内在联系，理解自己的职业，同时在理解中增长、丰富和更新自己的技术、技能经验。

因此，职业教育过程也可以被看作是在主体间交往中不断更新和丰富职业知识技能并不断地把知识技能转化到职业生活领域中形成新技术与新经验的过程。平等、自由的主体间性师生关系恰恰可以在传统师徒制中被寻觅到踪影。或者说，传统的师徒关系在现代职业教育中仍具有生命力。发轫于古代师徒制的职业教育方式，要"先做人后做事"，在工作技能学习中贯穿着职业精神和职业教育。师傅亲自教授行业的神圣性和具体行规，使徒弟产生职业自豪感，树立靠自己将职业发扬光大和传承衣钵的观念，然后学习职业技能，掌握行业规约，进而产生对师傅、对事业的尊敬。师傅的角色则如同父亲和老师。身为父亲，师傅会给徒弟对儿子一样无私的爱，在私人领域给予其如何做人的指导；作为老师，师傅会关心徒弟的职业发展，磨炼其意志，为社会创造更大的效益。如企业家稻盛和夫所说，工作的努力、职业的信念，甚至得以成功的理由，其"共同的根源全部在对职业的感情"[①] 中。

相比普通教育，职业教育的师生还具有着"师徒般的"亲密关系的情感渊源。早期的职业教育是在爱的浸润中进行的，可以说，它是职业幸福感培养的最有效途径。师徒制教育方式正是实现了职业情感教育与职业技能教育的完美结合，这对于现代人职业幸福感的失落不失为一剂良方。现代职业教育也逐渐认识到学徒制"原始"教育的精神价值，开始重拾这种"祖传"法宝，以期职业精神在职业教育领域早日实现伦理的回归。

职业教育在伦理本性上是充盈着爱的教育，如果说爱是教育的力量之源，那么它就是职业教育的生命之源。交互主体性的师生关系是人际交往关系的一种，是一种"生活关系"，它不仅仅是知识技术授受依赖的条件，更是学习者人生初期的人际交往和情感交流的一部分。在这里，笔者提倡一种对话式的师生交流关系，教师不作为知识的占有者和给予者，而是通过对话启迪学生。在主体间性的师生关系当中，学生主动获取技能并发现智慧。"一种在灵魂深处的激动、不安和压抑的对话"[②]，是使师生共同寻求真理的动力，是学生和教师各自作为独特精神在相互作用中共同生长的过程。

---

① 参见［日］稻盛和夫《人为什么活着》，吕美女译，中国人民大学出版社 2009 年版。

② ［德］雅斯贝尔斯：《什么是教育》，邹进译，生活·读书·新知三联书店 1991 年版，第 11 页。

五 职业教育文化层面：职业教育实践渗透"绿色"职业文化

职业教育突出的特征是实践性，它强调"思维始于动作"的理论基础，认为切断了动作与思维之间的联系将导致思维不能向前发展。"绿色"职业文化作为先进的社会文化，最终将表现于社会组织体现在各社会群体的行为方式上。现代职业教育是工业发展的产物，与先进职业文化休戚相关。在"绿色"职业文化传播过程中，它是最富有生机、最为活跃、最执着于现在却又召唤着未来的因素。"绿色"职业文化的传承最终将在职业教育的教学实践当中得到体现。发挥职业院校的办学优势、教育功能和文化辐射作用，促进职院自身的发展同时也为经济社会发展服务。

第一，工学结合是"绿色"职业文化渗透的良好途径。学生文化素养的提高和巩固，不是只靠教师的讲解或书本上的间接经验就能完全达到的，更多的是在做中学，通过亲身活动、实践探究和体验得来的。工学结合是职业院校的办学特色，在大量的企业实践与顶岗实习过程中，学校和企业应因地制宜地对学生进行"绿色"职业文化的熏陶。学生文化素质的拓展应以实践活动为载体，在工作中体验，同时将企业优秀职业文化带回到校园。与企业接触，进行工学交替，有利于营造职业文化与职院文化的有机结合，创建良好的育人环境，促进职院文化与优秀企业文化的交融与整合。如通过到生态工业园实习，职院学生能够深刻体会以群落生态学原理达到工业群落优化配置的意义，进而在行动上注重推进非物质化，提高资源的利用效率。通过生产顶岗实习，学生可以加深对绿色工业理念的理解，认识到绿色生产不是空话，将此理念落实到日常生产工作中去，才能为企业实现可持续发展提供动力。将"绿色"职业文化融入校园，最终要靠广大教职员工和学生的共同努力。职教院校要鼓励学生和专业教师定期到企业进行生产实践锻炼，增强与企业的"零距离"接触，以更新知识体系，学习企业先进的生产和经营理念，使人才培养能更好地按企业需求实施，使学生在校园就可以接受职业文化的熏陶，从而尽早地提升自身的职业素养。

第二，在专门的课程设置中渗透"绿色"职业文化。学校应在基础学科如自然科学和人文社会科学等教学环节中综合性地渗透"绿色"职业文化教育，并可将其纳入教学大纲，通过课堂进行教学。在课程设置上，必须以贯彻可持续发展战略为目标，体现层次性原则。一方面，设置公共必修课，探讨相对较为系统的环境技术发达国家的环境治理对策、国际生态理念、世界性的生态问题以及反思发展工业与环保和人的幸福等哲学层面的问题，培养学习者生态整体和可持续发展的价值观念。我国清华大学已将生态保护概论与可持续发展等课程类同于大学英语课程，列为全校本科生的公共必修课。通过这些课程的学习，学生能初步具有评估和处理有关生态问题的能力。另一方面，设置选修课。绿色工业文化在具体专业领域中的体现主要通过选修课。通常不同的系会根据专业特点开设相关选修课，比如机械加工类专业开设"绿色制造"课程，旅游管理专业开设"生态导游"课程，让学生结合自己的兴趣从不同的视角来了解"绿色"的行业文化。

第三，开设隐性环境教育课程。在各专业教学中，渗透可持续发展与清洁生产的内容。比如在德育教学中，可把环境伦理教育和生态伦理观念作为一项全新的内容纳入德育主渠道，让生态人格成为学生思想道德修养的一部分。再如在采矿工程专业的相应课程中讲授与清洁生产相关的内容，一方面可增强学生的生态意识，另一方面也可在一定程度上拓宽学生的专业视野。将以上几个方面有机结合，相互作用，就初步构成了一个完整的绿色教育的课程体系。

第四，建设生态校园，倡导绿色低碳生活。生态学告诉我们，学校的规模和组织结构以及物质文明、价值观念等会综合构造学习者的生活和学习环境。职院校园本身作为一个小型生态系统存在，可以激发和催化学生热爱美丽自然的情感。在硬件建设上，要对校园进行整体设计。除了对校园进行绿化、美化和净化以给全校师生美的体验与感受，建筑物和设施的设计也应充分考虑和体现绿色文明意识，从教学楼、食堂、寝室楼、绿地的布置规划到节水水龙头的安装、分类垃圾箱的配备、节能灯的使用等都应该充分体现绿色工业的发展理念和生态伦理的要求。另外，在软件建设上，应致力于在全校师生员工中形成以环境价值观念、生态审美意向为主要表现形式的价值观念、教育观念、群体心态、管理作风、学风和校风。旧电池回收、无纸化办公、节能减排运动、营造节约清洁的环境、倡导适度消费等活动的开展是对学生进行绿色文化宣传最生动的"教材"。造就校园生态文明的新天地，让绿色环保的行动观念融化在心灵之中，是职业院校实现可持续的发展和培养优秀人才的使命。

第五，开展社团活动，导向社会公众。职院应结合自身实际和学科特点将课堂教学与课外素质拓展和实践活动结合起来，讲做结合、做思结合，通过环保讲座、辩论赛、征文等形式传授生态理念和绿色工业理念。将"绿色"职业文化推广到校园之外，如参与世界地球日、社区环境日、社区绿色文化宣传、爱鸟日以及保护母亲河、荒野调研等自然探秘和野外实践的活动，提高生态宣传和教育的趣味与力度。此外，职业教育应利用自身理论研究的优势，与企业合作组织开展生态职业培训，引导企业绿色文化并把企业作为绿色教育的载体引进校园。这些活动非常有利于丰富学生情感，将其体验自身释放的价值意识与社会价值观相融通，并在实践、反思、领悟中受到"绿色"职业文化的熏陶。

六　职业教育评价层面：突破一元评价，实现情景化的多元智能评价

职业教育评价的伦理精神体现在"尽可能地减少人在创造性行动中的制度性困惑和障碍，充分依托人的自主创新智慧进行多元化评价和选择"。多元性、丰富性、偶在性和不确定性以及自我组织性正是生命力的重要特性。换言之，职业教育的评价标准应当最大限度地解放人的教育创新精神，保持学习者个体发展的多元性、丰富性、偶在性、不确定性和自我组织能力，让学习者的教育生活丰富多彩且充满着无限创意和生命活力。如马斯洛所说，发现自我是自我成就感实现的前提，只有保留了人的多样化选择的权利，人才能够了解自我，才能朝着自我实现的目标去奋斗，干自己有兴趣干且有能力干的事情（即使这种事情在别人看来很艰苦）。这样一来，事情可以干好，自己也有成就感，即可以"享受工作过程"。职业教育评价的伦理精神体现于将学习者看成发展的对象，以多元的评价标准给人提供多元化的自由选择权利。职业教育的培养对象绝不是机械刻板的现代批量生产和复制的工业品，而是富有生命力的人，职业教育要塑造完整理性的自由的人，使人的个性和潜能都得到应有的充分发

挥和正当的发展。真正自由理性的职业教育评价标准就是让人成为自己教育生活的创造者、选择者，自我价值实现的决断者、引导者和主宰者，使每个人都能得到平等对待，每个人的自我创新的动力、欲求、判断力、责任、能力等，都应得到尊重和维护。

所谓"一元评价"是以"标准化正规考试"的结果作为评判学生水平的统一标准，它是学科制的产物。自从现代人按照现代科学领域的划分建构了学科制度，这种"一元式"教育思想和教育评价标准就产生了，它在现代教育中一直发挥着不容怀疑的权威作用。支撑"一元评价"的是一种"水桶式"的教育概念："教育，就是已经掌握的各种信息的集中，然后应用于非情景化的场合"，即个体在获得足够数量的知识技术之后就可被指望成为有用的社会成员。

加德纳多元智能理论质疑了这种评价，他在长达两年的考察中发现了"一个有趣的现象"："对于测试相同认知能力的考试，只要稍稍改变考试的题材、考试的环境和考试的指令方式，受试者的考试成绩就能频频地发生戏剧性的不同"，且"只要采用受试者熟悉的题材，雇用知识丰富、语言流利的监考人员，再加上修改应试指令的形式来测量同样的认知能力，则受试者的成绩差别即会明显缩小，甚至消失"。这一现象暴露了考试评价的准确性十分有限。此外，加德纳还进行了大量的考试实验，实验的结果均表明了单纯以标准化考试为评价标准的不全面性，"某种评估材料只能应用于特定文化背景下的被测对象，它只是针对具体文化背景设计的"。而且，很多学生"往往在测试计算或推理能力的考试中失败，但是在他们日常活动中，如缝衣服等手工制作、往卡车上装牛奶箱、在超市购物、在争端中维护自己的权利等，却能准确地表现出他们在上述考试中没有考出的能力"。认为某个人"具备"或"不具备"必要的知识的说法，过于简单。经过适当的人或物的"触发"，这些必要的知识就有可能展现在某人的身上，否则就可能完全考不出来。此外，考试无法考出协同作业的能力。断定完成一项任务所需要的知识会全部储存在单一个体的大脑中，这是错误的。所需的知识可能是"分散"的，即成功地完成某项任务可能需要依靠集体的力量。任何单个的人，都不具备所有必需的专业知识，但他们一起合作，就能可靠地完成某一项任务。

职业教育学习是在相关职业的情景中展开的，因此教育的评价也应在职业情景下进行才合理和有意义。而盛行的标准化考试评价的基础则是脱离实际应用的书本式学习。根据多元智能理论，评价应当通过多重渠道，采取多种形式，在不同的实际情景下进行。教育者应从多方面观察、记录、分析和了解每个学习者的特点，并以此为依据开发和应用适合学生特点的不同的课程、教材、教法，帮助学生"扬长避短"。测试目的不应是对学习者分类、排名和淘汰，而应是帮助学习者认识和了解职业的要点，帮助每个人充分发挥其职业潜能。依据加德纳实验的结论，评价应当"差异化、细微化"，进行评价是手段，不是目的。

由于人的智能是多种能力构成的复合体，教育评价标准和途径也相应地多元化和情景化，如加德纳所期望的，"结束正规考试不断出现的状态"，增多情景化的评价，采取有益于经常的、系统的和有效的评价方法和工具，以"发现每个学生在环境测试中显露的区别于他人的智能特征"。① 事实

---

① 单光庆：《多元智能理论给我国职业教育改革的启示》，《教育与职业》2009 年第 20 期。

上，判断学习者未来能否获得成就，取决于他是否了解其职业文化环境中的相关知识技能，是否能抓住会影响其职业发展的机遇。

从某种意义上讲，比起普通教育的标准化考试，职业教育的评价更接近于传统的师徒制的评价。我们在第二章中专门讨论了传统师徒制的职业教育模式，可以发现师徒制的评价是高效的。由于师徒关系密切，几乎每个师傅都能够高度准确地预言徒弟的表现。尽管现今的教育评价已经大大地超出了传统师徒制涵盖的范畴，但是，师徒制告诉我们一个道理，对学习者个体的评价应在更接近他们的"实际工作情况"条件下进行，就会有对他们的最终表现做出较好的预测的可能。

关于人的创造力的研究早已经不陌生，但是我国的教育一直没有恰当地建立起教育方式和教育结果的效度。回归到职业教育的伦理精神本质来看，只有人的个性得以解放，教育的本真意义才有可能回归，这就是为什么职业教育应该推崇更自然、对情景更敏感、在生态学上更可行的评价方式。多元智能的情景化评价注重人的创造与反思能力的开发，这些能力的培养要靠专题作业来完成，它试图在学习者在校的职业学习和离校后的职业发展之间架起一座桥梁。

附录　调查问卷

亲爱的同学：

您好！打扰您并占用您几分钟时间帮我们完成一份调查问卷。本调查旨在了解您在职业院校的学习生活，为促进职业教育朝向更良善的方向发展，为使每一个学习者能够通过职业教育获得成功和幸福的生活，您认真据实的填写将成为职业教育研究最宝贵的意见和建议。本次调查的信息仅用于研究，我们会严格保密，请您依据真实情况放心填写。衷心感谢您于百忙之中给予的支持！

学校名称：_____

学校级别（A. 示范校；B. 骨干校；C. 一般职业院校）

1. 您就读您现在学校的主要原因是什么？

    A. 该校毕业生就业率高

    B. 学习一门技术跟上大学一样重要

    C. 读职业学院会有很好的发展空间

    D. 该校教学质量高，声誉好

    E. 由升学考试成绩决定的

    F. 先读着，寻找升学机会

    G. 父母的决定

    H. 其他

2. 您是否因就读职业学院而产生过自卑感？（　　　）

　　A. 经常有　　　B. 偶尔有过　　　C. 从未有过

3. 您能够在目前的学习中获得满足感吗？（　　　）

　　A. 经常有　　　　B. 偶尔有过　　　C. 从未有过

4. 您将来是否打算参加进一步的考试，如考取专升本、直接考研或考公务员？

5. 当前高职的就业已经远远超过本科，您对此持何种看法？

6. 您对贵校课堂教学是否感到满意？（　　　）

　　A. 满意　　　　　　　　B. 基本满意

　　C. 基本不满意　　　　　D. 完全不满意

7. 您认为贵校课堂教学中最欠缺的是什么？请排序并单独补充您认为没有列出的问题。

　　A. 课本难度不适中　　B. 教学方式刻板

　　C. 师生沟通欠佳　　　D. 学到的知识没有实际价值

　　E. 其他

8. "严格遵守职业操守是从业者最起码的责任"，您同意这种观点吗？（　　　）

　　A. 完全同意　　　　　B. 基本同意

　　C. 基本不同意　　　　D. 完全不同意

9. 您在学校是否学到绿色生产的相关知识？（　　　）

　　A. 零散地学到一些　　B. 专门系统地学习过

　　C. 没有学过

10. 您认为自己目前是在主动地学习吗？请说明原因。

11. 目前您学习的最大障碍来自哪些方面？

12. 您认为职业道德在现代社会非常重要吗？

13. 贵校每学期期末是否以标准化试卷考察学生专业课的成绩？如果是，您对此的感受是？

14. 贵校是否专门设置了关于人生幸福、人的发展之类的人文课程？您认为学习的效果怎样？

15. 您是否同意保护环境是人的高尚品格的体现？

16. 对于您将从事的职业（专业）可能带来的环境后果，您是否非常了解？